蒙阴文物

蒙阴县文化和旅游局 编

天津出版传媒集团

天津古籍出版社

图书在版编目（CIP）数据

蒙阴文物 / 蒙阴县文化和旅游局编. — 天津：天津古籍出版社，2021.9
ISBN 978-7-5528-1093-6

Ⅰ. ①蒙… Ⅱ. ①蒙… Ⅲ. ①文物－介绍－蒙阴县 Ⅳ. ①K872.524

中国版本图书馆CIP数据核字（2021）第074469号

蒙阴文物
MENGYIN WENWU

蒙阴县文化和旅游局／编

出　　版	天津古籍出版社
出 版 人	张　玮
地　　址	天津市和平区西康路35号康岳大厦
邮政编码	300051
邮购电话	（022）23517902
责任编辑	门　辉
封面设计	山东黄氏印务
印　　刷	山东黄氏印务有限公司
经　　销	新华书店
开　　本	889毫米×1194毫米　1/16
印　　张	12.25
字　　数	240千字
版次印次	2021年9月第1版　2021年9月第1次印刷
定　　价	228.00元

版权所有　侵权必究
图书如出现印装质量问题，请致电联系调换（022-23517902）

《蒙阴文物》编委会

编　委：张元奎　公绪建　苏建军　王　芳

　　　　马　勇　杨　慧　徐西存　张恩乔

主　编：苏建军

序

　　余结缘蒙阴文物久矣。方入职，事蒙阴县图书馆，三楼属文物管理所，有馆藏存焉。偶或夜值库房，室内有小床置门侧，床前多墓室出土泥塑瓦片之属，散落堆积。泥塑高数寸或十数寸许，擎旗者、扛刀者，圆眼怒放，列如散兵。余不为所惧，反为所喜。翌日晨，复赏玩者久。后辗转谋事，既出，每流连古玩之肆庙宇之所，深以为趣。倏忽三十载，重操旧业，此非缘有定数耶？

　　夫人类文明之源流，先人生活之大端，非文物无以考证。所谓不见古人之面，可见古人之心。而沧海桑田，数经淘沥，文物之幸存者，不足先人踪迹之万一，故现存文物，弥足珍贵。蒙阴自西汉置县，历史久远，然则蒙山之阴，四塞之固，舟车不通，世无巨富，亦少显贵，文物遗存本自寥寥，而今馆藏凡一万余件，遗迹二百余处，自旧石器迄至民国，皆有可观者，此今人之幸，蒙阴之幸，诚足贵也。呜呼！虽逢盛世，而不以文物为贵者多矣，视若草芥者有之，束之高阁者有之，鼠目寸光，为之汗颜，何足论哉。或不肖之徒，毁遗迹起高楼，以图利益；或利欲熏心，铤而走险，贩易文物以牟暴利；或冒天下之大不韪，掘墓启棺，据祖宗之物以为私有，自命风雅。此皆法之不容，心之不安者也。余尝戏言：古物者，古人之气息存焉，君子可玩，众人可赏，浅陋者不可共处，文物不言，而天谴已至。世人当戒之。

　　文物既繁，不可逐一展玩，遂有蒙阴县博物馆在建，辛丑年即可展陈，以飨众人。又为观览者方便计，乃邀苏建军诸人，以现存馆藏文物，梳理之，条目之，提要钩玄，兼以配图，结为一集付梓，成此《蒙阴文物》一书，当为博雅者赏玩之，亦可供后世好古者深研之。庚子年桂月，张元奎题。

前 言

蒙阴，因地处蒙山之阴而得名，是物华天宝之地。境内山峦重叠、河流纵横，自远古就是人类理想的生息之地。蒙阴县园艺场旧石器地点出土的旧石器，证明早在旧石器时代中期，勤劳智慧的先民就在这片热土上生产生活，繁衍生息，并创造了灿烂的古代文明。

文物承载灿烂文明，传承历史文化，维系民族精神，是老祖宗留给我们的宝贵遗产，是社会主义精神文明建设的深厚滋养。第一次全国可移动文物普查期间，共采集登录各类可移动文物10749件/套，摸清了家底，全面掌握了蒙阴县可移动文物资源情况。这些丰富的文化遗物，彰显了蒙阴灿烂丰厚的古代文化底蕴，揭示了这里悠久的人类社会演变进程，具有很高的历史研究价值。

新中国成立之后，蒙阴县文物工作走过了从无到有，从小到大的发展历程。1952年始，蒙阴县就开展文物工作，当时是县文化馆的职能之一；1979年，设文物组，隶属县图书馆；1989年7月，成立蒙阴县文物管理所；2014年12月，成立蒙阴县博物馆；2018年，县博物馆开工建设，建筑面积6314.82平方米，预计2021年免费对公众开放；2019年成立蒙阴县文物局。在历届县委、县政府的重视下，蒙阴文博事业发展迅速，文博工作已融入社会经济文化快速发展之中，社会公众认识度得到了普遍提高。《蒙阴文物》一书就是在县委、县政府和社会各界的关心支持下应运而生，必将在蒙阴县文化经济、社会发展和文化强县建设中发挥不可替代的作用。

《蒙阴文物》是蒙阴县第一部记载文物的文献，是文物藏品的精华体现，是蒙阴文物工作者对这些文物细心研究成果的汇集，也是蒙阴县历年出土文物精品的集大成。从中精选250余件（套）汇集成书，按玉石器、陶瓷器、青铜器、铁器、其他类科学分类编排，时间跨度从旧石器时期至商周汉，截至民国。该书图文并茂，文因图而增辉，图因文而溢彩，力图使读者多角度领略蒙阴古文物的深厚底蕴，为读者提供更广泛的文化视野、审美感受和想象空间，构造一部鲜活耐读的地方文物史，是一部难得的全面了解蒙阴县历史文化的实用工具书，具有很强的学术价值、实用价值和收藏价值。

《蒙阴文物》一书虽然只是选录部分文物，但它是浓缩的历史，把人们带回历史的源头；它是立体的教科书，使人们获取大量的知识；它是艺术的殿堂，给人们以美的享受。让我们徜徉其间，一起感受历史的存在，一起浸润人文的情怀……

目　录

概述 …………………………………………………… 1

玉石器

锤击石核（一） …………………………… 5	石锛（三） …………………………… 19
锤击石核（二） …………………………… 5	石锛（四） …………………………… 19
砸击石核 …………………………………… 6	石锛（五） …………………………… 20
石片 ………………………………………… 6	石凿 ………………………………………… 21
雕刻器 ……………………………………… 7	石铲（一） …………………………… 22
石锤 ………………………………………… 7	石铲（二） …………………………… 23
刮削器（一） ……………………………… 8	石铲（三） …………………………… 24
刮削器（二） ……………………………… 8	石铲（四） …………………………… 25
刮削器（三） ……………………………… 9	石磨器 ……………………………………… 26
刮削器（四） ……………………………… 9	石镰 ………………………………………… 26
刮削器（五） ……………………………… 10	石锤 ………………………………………… 27
刮削器（六） ……………………………… 10	石镞（一） …………………………… 27
尖状器（一） ……………………………… 11	石镞（二） …………………………… 28
尖状器（二） ……………………………… 11	石镞（三） …………………………… 28
石斧（一） ………………………………… 12	石饰 ………………………………………… 29
石斧（二） ………………………………… 13	玉剑璲（一） ……………………………… 30
石斧（三） ………………………………… 14	玉剑璲（二） ……………………………… 31
石斧（四） ………………………………… 15	玉剑璲（三） ……………………………… 32
石斧（五） ………………………………… 16	玉剑璲（四） ……………………………… 33
石锛（一） ………………………………… 17	玉璧 ………………………………………… 34
石锛（二） ………………………………… 18	花卉花瓶饰件 ……………………………… 34

玉牌	35	玛瑙扳指（二）	42
龙首玉带钩	35	玛瑙扳指（三）	43
龙首圆身玉带钩	36	和田玉扳指	43
翡翠带钩	36	玉扳指	44
龙形玉带钩（一）	37	玉牛	44
龙形玉带钩（二）	37	玉兽	45
龙形玉带钩（三）	38	玉蝉（一）	45
玉饰件（一）	38	玉蝉（二）	46
玉饰件（二）	39	玉蝉（三）	46
豆荚形玉饰件（一）	39	玉瓶	47
豆荚形玉饰件（二）	40	玉杯	48
玉手抄砚	40	玛瑙指环	49
玉佩饰（一）	41	玉镯	49
玉佩饰（二）	41	琉璃镯	50
玛瑙扳指（一）	42	翡翠镯	50

陶瓷器

红陶壶	53	尊形罐	62
灰陶揩壶（一）	53	黑陶杯	62
灰陶揩壶（二）	54	单把黑陶杯	63
灰陶揩壶（三）	55	高柄杯	63
灰陶揩壶（四）	56	三足黑陶杯	64
灰陶揩壶（五）	56	黑陶高柄杯	64
灰陶壶	57	陶纺轮（一）	65
陶揩壶	58	陶纺轮（二）	65
陶盖杯	58	灰陶罐	66
白陶鬶（一）	59	绳纹陶鬲	66
白陶鬶（二）	60	陶鬲	67
陶鼎	61	陶豆（一）	67
觯形壶	61	陶豆（二）	68

陶豆（三）	68
陶豆（四）	69
陶豆（五）	69
彩绘三足双耳盖杯	70
陶盂（一）	71
陶盂（二）	71
鸟喙柄陶勺	72
陶盘	72
灰陶罐（一）	73
灰陶罐（二）	74
灰陶罐（三）	74
三足罐（一）	75
三足罐（二）	75
陶罐	76
灰陶罐	76
灰陶壶（一）	77
灰陶壶（二）	77
灰陶壶（三）	78
灰陶尊	78
彩绘陶环	79
瓿	79
穿璧纹灰陶砖	80
彩绘泥塑女立俑（一）	81
彩绘泥塑男立俑（一）	82
彩绘泥塑女立俑（二）	83
彩绘泥塑男立俑（二）	84
彩绘泥塑女坐俑（三）	85
彩绘泥塑男立俑（三）	86
彩绘泥塑男立俑（四）	87
米黄釉刻文瓷罐	88
白釉瓷碗（一）	89

白釉瓷碗（二）	89
白釉瓷碗（三）	90
白釉瓷碗（四）	90
白釉双系瓷罐（一）	91
白釉双系瓷罐（二）	91
酱釉双系瓷罐（一）	92
酱釉双系瓷罐（二）	92
褐釉四系瓶	93
白釉四系瓶（一）	94
白釉四系瓶（二）	95
白釉瓷瓶	96
青釉瓷瓶	97
白釉高足杯	97
酱釉高足杯	98
青釉扁瓷壶	98
酱釉瓷罐	99
青釉高足杯	99
白地黑花四系瓶	100
黑白釉四系瓶	101
白地黑花玉壶春瓶	102
酱釉玉壶春瓶	103
褐釉阴刻花玉壶春瓶	104
褐釉玉壶春瓶（一）	105
褐釉玉壶春瓶（二）	106
褐釉玉壶春瓶（三）	107
褐釉玉壶春瓶（四）	108
酱釉四系罐	109
黑白釉四系瓷罐	110
青釉瓷碗	110
黑釉粉彩五老孩童太极图瓷瓶	111

青铜器

重环纹双立耳铜鼎 …… 113	双翼铜镞（二）…… 133
双耳铜盂 …… 114	双翼铜镞（三）…… 133
蟠螭纹铜鬲 …… 115	铜马镳（一～四）…… 134
铜舟 …… 116	铜带钩（一）…… 135
鳞纹铜瓠壶 …… 117	铜带钩（二）…… 135
铜鐎斗（一）…… 118	铜环（一～四）…… 136
铜鐎斗（二）…… 118	尚方规矩纹铜镜 …… 137
铜斧 …… 119	四乳四兽铜镜 …… 138
莒戈 …… 119	瑞兽葡萄镜 …… 138
铜戈（一）…… 120	葵花形湖州铜镜 …… 139
铜戈（二）…… 120	海涛双龙戏鼎铜镜 …… 140
铜戈（三）…… 121	素面铜镜（一）…… 141
铜戈（四）…… 121	素面铜镜（二）…… 142
铜戈（五）…… 122	有柄双鱼镜 …… 143
铜戈（六）…… 122	双龙纹铜镜 …… 144
左徒戈 …… 123	比丘立像 …… 145
铜戈镈（一）…… 123	佛坐像（一）…… 146
铜戈镈（二）…… 124	碧霞元君坐像 …… 147
铜剑（一）…… 124	释迦牟尼佛坐像 …… 148
铜剑（二）…… 125	佛坐像（二）…… 149
铜剑（三）…… 126	菩萨坐像 …… 150
铜剑（四）…… 127	铜镈钟 …… 151
铜剑（五）…… 128	铺首衔环罐 …… 152
铜剑（六）…… 129	"齐之法化"刀币（一）…… 152
铜剑（七）…… 130	"齐之法化"刀币（二）…… 153
铜矛 …… 131	"齐之法化"刀币（三）…… 153
铜削 …… 131	"安阳之法化"刀币 …… 154
铜镞 …… 132	"节墨之法化"刀币（一）…… 154
双翼铜镞（一）…… 132	"节墨之法化"刀币（二）…… 155

"节墨之法化"刀币（三） …………… 155
"齐法化"刀币（一） ………………… 156
"齐法化"刀币（二） ………………… 156
"齐法化"刀币（三） ………………… 157
"齐法化"刀币（四） ………………… 157
"齐法化"刀币（五） ………………… 158
"齐法化"刀币（六） ………………… 158
"齐法化"刀币（七） ………………… 159
"齐法化"刀币（八） ………………… 159
"齐法化"刀币（九） ………………… 160
"齐法化"刀币（十） ………………… 160
"齐法化"刀币（十一） ……………… 161

"齐法化"刀币（十二） ……………… 161
"齐法化"刀币（十三） ……………… 162
"齐法化"刀币（十四） ……………… 162
"齐法化"刀币（十五） ……………… 163
"齐法化"刀币（十六） ……………… 163
"齐法化"刀币（十七） ……………… 164
"齐法化"刀币（十八） ……………… 164
"齐法化"刀币（十九） ……………… 165
"齐法化"刀币（二十） ……………… 165
"齐法化"刀币（二十一） …………… 166
"一刀平五千"铜钱 …………………… 166

铁器

铁斧（一） …………………………… 169
铁斧（二） …………………………… 170
铁矛 …………………………………… 171

铁锄 …………………………………… 171
铁剪 …………………………………… 172
铁釜 …………………………………… 172

其他

骨锥 …………………………………… 175
骨镞（一） …………………………… 176
骨镞（二） …………………………… 176
卜骨 …………………………………… 177
骨笄（一） …………………………… 178
骨笄（二） …………………………… 178

骨贝（一） …………………………… 179
骨贝（二） …………………………… 179
白文骨印 ……………………………… 180
"丁卯拔贡同胞"朱文铜印 …………… 180
寿山石朱文方印 ……………………… 181
何绍基行草四条屏 …………………… 182

后记 ………………………………………………………………………………………… 184

概 述

蒙阴县位于山东省中南部，泰沂山脉腹地，蒙山之阴，地理坐标为东经117°45′~118°15′，北纬35°27′~36°02′，南北最大长距65.4千米，东西最大宽距45.8千米，总面积1605平方千米，占临沂市总面积的9.3%。辖10个乡镇（街道）、1个省级经济开发区、1个云蒙湖生态区、366个行政村，总人口58.04万人。东邻沂水、沂南县，西靠新泰市，南依蒙山与费县、平邑县交界，北与钢城区、沂源县接壤。

地理交通 蒙阴县属暖温带季风大陆性气候，年平均气温12.8℃，极端最高气温40℃，极端最低气温-21.1℃，年平均无霜期200天，年平均降水量820毫米。是纯山区，地势南北高，中间低，由西向东逐渐倾斜。山地丘陵占总面积的94%，坐落着较大山峰520余座，其中海拔1000米以上的有12座。蒙山主峰海拔1156米，是山东省第二高峰，位于蒙阴境内的云蒙峰海拔1108米，已被列为国家级森林公园；沂蒙七十二崮，其中三十六崮在蒙阴，中科院将其命名为"岱崮地貌"，成为中国第五大造型地貌。蒙阴县境内河流长度5千米以上的有44条（含3条干流），东汶河境内长56千米，梓河境内长66千米，蒙河境内长22千米。

蒙阴县境内，205国道、342国道横贯东西，231省道纵穿南北，京沪高速公路穿越蒙阴境内43千米，在境内设有蒙阴西、蒙阴、孟良崮3个出口。全县形成了京沪高速、205国道、342国道横穿东西，231省道纵贯南北，县道辐射城乡，乡道往来交织，村道阡陌纵横的交通格局。

建制沿革 蒙阴自西汉初置县，因在蒙山之阴而得名，隶属兖州泰山郡。王莽篡位后，曾改称蒙恩县。东汉初，地属盖、牟二城。三国时期，魏复置蒙阴县，属徐州琅琊郡。西晋末，因战乱废。南北朝时，北魏于蒙阴地置新泰县，属南青州东安郡。东魏时，东安郡之新泰县改称蒙阴县，仍属东安郡。北齐时期，蒙阴县并入东泰山郡之新泰县。自此经隋、唐、五代直至南宋景定三年，共712年，都属新泰县。

南宋景定三年（1262），蒙阴地又由新泰县划入沂水县，称新泰镇（旧蒙阴县志叫新寨镇）。元皇庆二年（1313），重建蒙阴县，属益都路莒州。另据《重建蒙阴县碑》载，重建蒙阴县为元延佑二年（1315）。明洪武二年（1369）属青州府。清雍正八年（1730），改属莒州。雍正十二年（1734）属沂州府。

1913年，废府设道，蒙阴县属济宁道。1925年改属琅琊道。1928年废道，直属省。1936年属山东省第三行政区。1941年9月，原蒙阴县的大部分地区划归新蒙县、泰宁县、博莱县。蒙阴县属鲁中区二专区。1943年3月蒙阴县撤销，同年9月恢复，仍属二专区。1947年国民政府将蒙阴县更名。1949年后恢复原名。1949年7月属沂蒙专区。1950年6月改属沂水专区。1953年8月属临沂地区。1994年12月临沂撤地设市，隶属临沂市至今。

文化遗存　蒙阴历史源远流长，文化底蕴深厚，文物遗存丰富，包括旧石器时代，新石器时代，以及商、周、秦、汉、唐、宋、元、明、清各个时期的古文化遗存。出土文物表明，旧石器时代中期，勤劳智慧的先民就在这块土地上生产生活，繁衍生息，并留下了瑰丽斑斓的古代文化，创造了灿烂的古代文明。新石器时代大汶口文化、龙山文化在这里繁荣发展，特别是高柄镂空蛋壳陶杯的出土，充分展示了先民超凡的技艺。周汉时期的遗址在这里被大量发现，唐宋古迹更是沿用至今。

目前，蒙阴县文物管理所馆藏各类文物10749件（套），其中国家一级文物1件，二级10件，三级73件；发现文化遗存218处，其中省级文物保护单位13处，市级文物保护单位13处，县级文物保护单位76处，文物点116处。这些丰富的文化遗迹、遗物，彰显了蒙阴灿烂丰厚的古文化底蕴，揭示了这里悠久的人类社会演变进程，具有很高的历史研究价值。

新中国成立以后，蒙阴县委、县政府高度重视文物事业的发展。文物工作职能曾隶属县文化馆、县图书馆。1989年7月，成立蒙阴县文物管理所，编制2人。县文物管理所较好发挥了文物的保护、收藏、研究和服务职能，深受广大群众的好评，得到上级有关部门的充分肯定。2014年，成立蒙阴县博物馆，编制4人。2018年，蒙阴县博物馆开工建设，建筑面积6314.82平方米，已完成主体建设，预计2021年免费对公众开放。

我们的祖先，在这里创造了悠久灿烂的古代文明和历史，在这块古老而年轻的土地上，既有辉煌的过去，也必将有充满希望和辉煌的未来！

（本书所有文物照片是第一次全国可移动文物普查时拍摄，蒙阴县文物管理所馆藏。）

玉石器

蒙阴文物

砸击石核 旧石器时代

砸击点较集中,两端遗有完整或折断的石片疤痕。
东汶河流域旧石器地点采集。

石片 旧石器时代

长大于宽,石片角较小,半椎体不明显。
东汶河流域旧石器地点采集。

锤击石核（一） 旧石器时代

砾石台面，在磨圆度较高的砾石一端连续打出3个石片疤。东汶河流域旧石器地点采集。

锤击石核（二） 旧石器时代

节理台面，打片位于三个侧边。东汶河流域旧石器地点采集。

雕刻器　旧石器时代

用石英碎片作毛坯，一侧稍加修理，远端有一雕刻器小剥片，形成一凿状刃口。东汶河流域旧石器地点采集。

石锤　旧石器时代

用石英岩砾石做原料，一端遗有麻点琢痕，另一端有剥落片疤痕迹。东汶河流域旧石器地点采集。

刮削器（一） 旧石器时代

长1.39厘米，宽1.55厘米。东汶河流域旧石器地点采集。

刮削器（二） 旧石器时代

长2.06厘米，宽1.09厘米。东汶河流域旧石器地点采集。

刮削器（三） 旧石器时代

长 1.74 厘米，宽 1.23 厘米。东汶河流域旧石器地点采集。

刮削器（四） 旧石器时代

长 2.73 厘米，宽 1.41 厘米。东汶河流域旧石器地点采集。

刮削器（五） 旧石器时代

长 2.55 厘米，宽 1.38 厘米。东汶河流域旧石器地点采集。

刮削器（六） 旧石器时代

长 1.25 厘米，宽 1.04 厘米。东汶河流域旧石器地点采集。

以上刮削器用石英岩石片制成。采用远端向背加工、左右向背加工、两侧刃缘错向修理、两侧均向背修理等制作工艺，刃口锋利。

尖状器（一） 旧石器时代

歪尖尖状器，毛坯为石英片，向背修理成两个不等长的边，夹角70°。东汶河流域旧石器地点采集。

尖状器（二） 旧石器时代

正尖厚背，用厚石英片作毛坯，，从腹面向背剥片，边疤规整，貌似石核，但其两侧边修理对称相交于远端成尖，夹角为55°。东汶河流域旧石器地点采集。

石斧（一） 新石器时代 岳石文化

长 15.2 厘米，宽 6.8 厘米，厚 3.67 厘米。
灰砂岩材质，通体磨制，上部有凹槽，用于固定。弧顶，双面刃，刃部有轻微崩痕。垛庄镇业家沟村出土。

石斧（二） 新石器时代　岳石文化

长 17.1 厘米，宽 9.1 厘米，厚 5.42 厘米。
磨制石器，体形厚重，顶部略弧，上部有凹槽，用于固定，双面刃正锋。坦埠镇小寨子山遗址出土。

石斧（三） 新石器时代

长 12.85 厘米，宽 5.54 厘米，厚 3.44 厘米。

平面略呈圆角梯形，断面椭圆形，通体磨制，弧顶，双面刃，刃部有使用崩痕，顶小刃宽。联城镇吕家庄遗址出土。

石斧（四） 新石器时代

长 11.06 厘米，宽 4.21 厘米，厚 2.61 厘米。

平面略呈圆角梯形，断面椭圆形，通体磨制，弧顶，直刃，刃部有使用崩痕。联城镇吕家庄遗址出土。

石斧（五） 新石器时代

长 11.04 厘米，宽 5.44 厘米，厚 4.18 厘米。

青砂岩材质，平面略呈长方形，通体磨制，体形厚重，平顶，双面刃，刃部稍残。联城镇吕家庄遗址出土。

石锛（一） 新石器时代

长18.3厘米，宽5.4厘米，厚3.4厘米。
灰砂岩材质，通体磨光，平顶，平面呈长方形，单面坡状刃。
联城镇吕家庄遗址出土。

石锛（二） 新石器时代

长 3.74 厘米，宽 2.49 厘米，厚 1.28 厘米。

青砂岩材质，通体磨光，平顶，顶窄刃宽，单面坡状刃，刃部锋利。坦埠镇小寨子山遗址出土。

石锛(三) 新石器时代

长 5.09 厘米,宽 2.32 厘米,厚 1.26 厘米。

灰沙岩材质,磨制石器,单面坡状刃,顶部、上部略残。坦埠镇小寨子山遗址出土。

石锛(四) 新石器时代

长 3.81 厘米,宽 2.5 厘米,厚 0.94 厘米。

灰砂岩材质,磨制石器,平顶,单面坡状刃,刃部残。坦埠镇小寨子山遗址出土。

石锛（五） 新石器时代

长 6.61 厘米，宽 4.4 厘米，厚 1.72 厘米。
青砂岩材质，通体磨光，平顶，顶窄刃宽，单面坡状刃，刃部锋利。联城镇吕家庄遗址出土。

石凿 新石器时代

长8.28厘米,宽3.09厘米,厚2.36厘米。
黑砂岩材质,平面略呈直角梯形,通体磨光,平顶,顶窄刃宽,单面坡状刃。联城镇吕家庄遗址出土。

石铲（一） 新石器时代

长 12.14 厘米，宽 7.6 厘米，厚 1.59 厘米。

扁体，平面近梯形，平顶，刃部较宽微外弧，双面刃，顶部有崩痕，上部有一两面对钻圆孔，通体磨光。联城镇吕家庄遗址出土。

玉石器

石铲（二） 新石器时代

长 8.86 厘米，宽 5.63 厘米，厚 1.6 厘米。

平面呈梯形，平顶，弧刃，正锋，通体磨光，上部有一对钻圆孔，刃部有使用崩痕。垛庄镇南蓉芙遗址出土。

石铲（三） 新石器时代

长 16.38 厘米，宽 9.19 厘米，厚 1.36 厘米。

通体磨光，体扁薄，平面略呈梯形，平顶，双面刃，上部有一个单面钻圆孔。垛庄镇黄仁遗址出土。

石铲（四） 新石器时代

长 11.85 厘米，宽 7.24 厘米，厚 1.61 厘米。

花岗岩质地，通体磨光，扁平状，平面略呈梯形，顶微弧，双面刃正锋，上部有一单面钻圆孔。垛庄镇黄仁遗址出土。

石磨器 新石器时代

长 10.06 厘米，宽 4.86 厘米，厚 3.87 厘米。

灰砂岩材质，磨制石器。平面呈长方形，体形厚重，一侧有五道磨制形成的凹槽。联城镇吕家庄遗址出土。

石镰 新石器时代

长 11.96 厘米，宽 3.07 厘米，厚 1.12 厘米。

弧背，弧刃，正锋，平头，平尾，通体磨光，顶部稍残。垛庄镇南蓉芙遗址出土。

石锤 新石器时代

通高 5.74 厘米。

砂岩材质，磨制石器，通体厚重，作圆柱状，底部有小平台。坦埠镇小寨子山遗址出土。

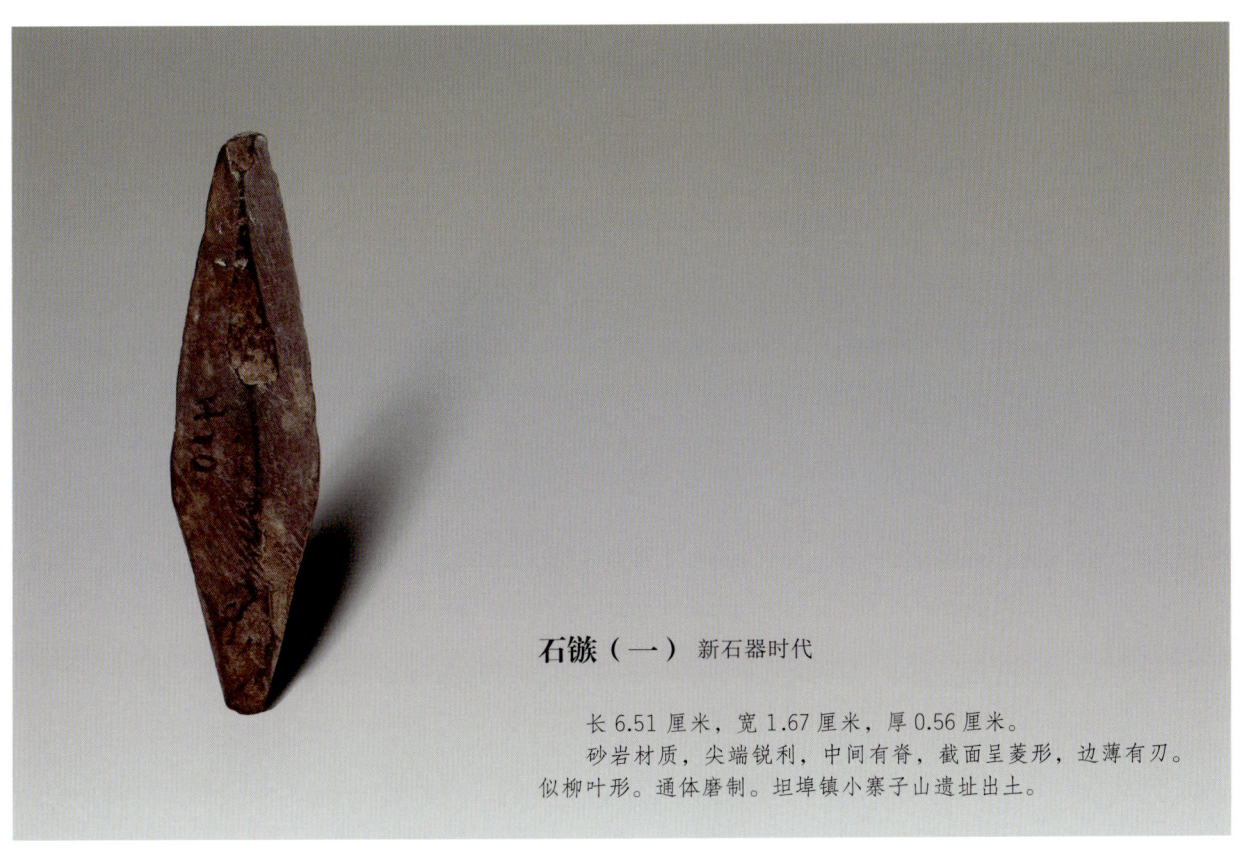

石镞（一） 新石器时代

长 6.51 厘米，宽 1.67 厘米，厚 0.56 厘米。

砂岩材质，尖端锐利，中间有脊，截面呈菱形，边薄有刃。似柳叶形。通体磨制。坦埠镇小寨子山遗址出土。

石镞(二) 新石器时代

长8.82厘米,宽2.46厘米,厚1.03厘米。

青砂岩材质,器形较厚重,磨制较精细,器形规整,有脊,短铤,截面呈菱形,素面。联城镇吕家庄遗址出土。

石镞(三) 新石器时代

长7.75厘米,宽1.83厘米,厚0.78厘米。

青砂岩材质,尖峰,有脊,圆铤、缺失,截面呈菱形,素面。联城镇吕家庄遗址出土。

玉石器

石饰 新石器时代

长 7.3 厘米，宽 4.3 厘米，厚 1.14 厘米。
通体磨光，黑色，平面略呈椭圆状，上部有一圆形穿孔。馆藏。

玉剑璏（一） 汉代

长 5.34 厘米，宽 1.43 厘米。
青白色，有褐色沁，拱形素面，下有长方形穿。馆藏。

玉剑璲（二）汉代

长7.13厘米，宽2.19厘米。

玉石质地，青色，有褐色沁，面呈长方形，饰有谷纹，下有长方形穿。馆藏。

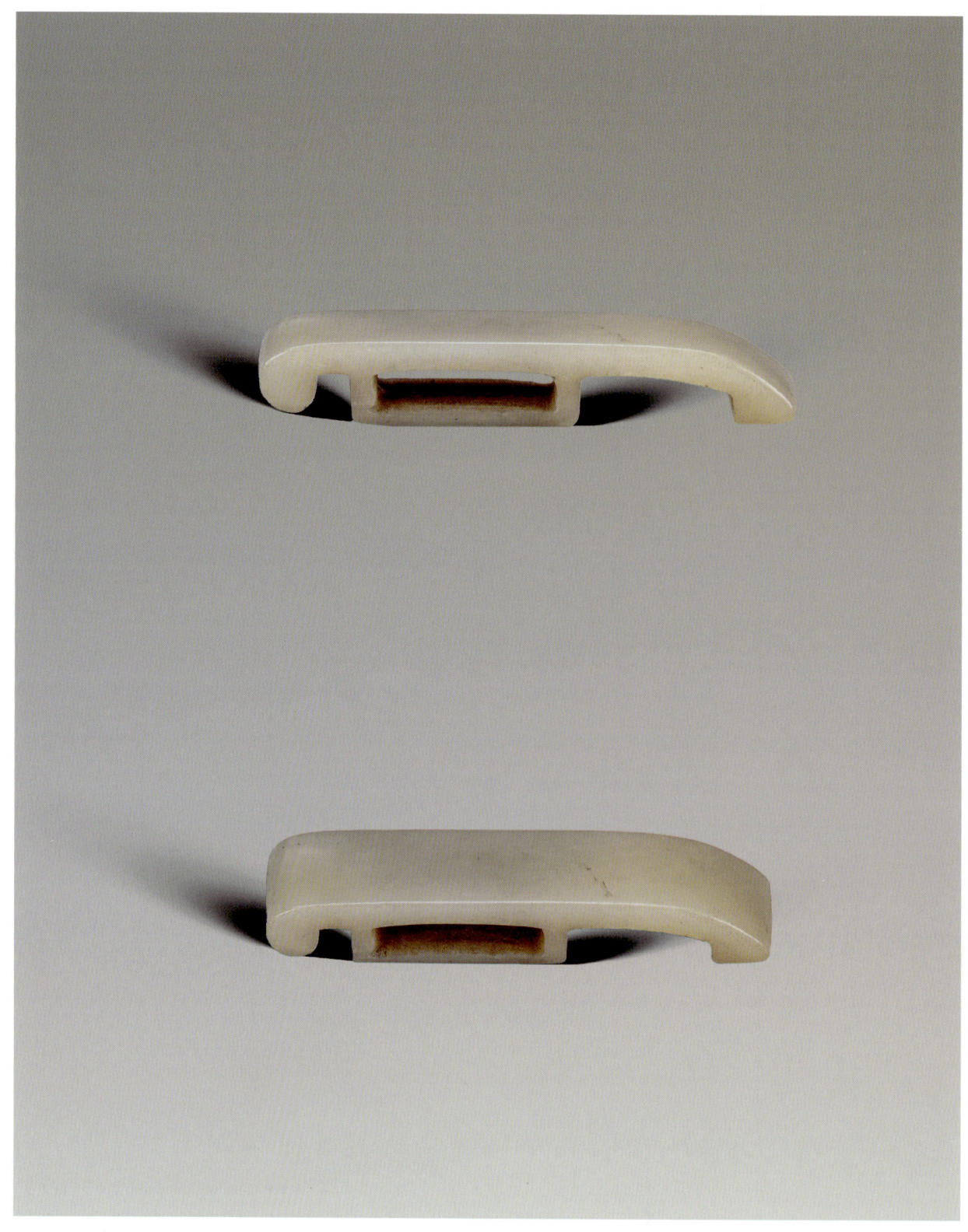

玉剑璲（三） 汉代

长 7.98 厘米，宽 1.97 厘米。
青白色，面呈长方形，素面，下有长方形穿。馆藏。

玉剑璏（四）汉代

长9.68厘米，宽2.4厘米。

玉石质地，青白色，有褐色沁，面呈长方形，饰有勾云纹，下有长方形穿。馆藏。

玉璧 汉代

直径 3.6 厘米，厚 0.54 厘米。

玉石质地，青白色。体圆形，饰有勾云纹，扁平，中间有孔。垛庄镇后里村征集。

花卉花瓶饰件 明代

高 5 厘米，厚 0.53 厘米。

玉石质地，青白色。镂空单面雕刻，器呈花瓶状，瓶中插有花卉。瓶口沿阴刻峨眉月，颈部雕出双耳，颈下饰垂叶纹，置于波浪状底座上。垛庄镇后里村征集。

玉牌 明代

直径 5.1 厘米,厚 0.55 厘米。
玉石质地,青白色,镂雕花卉。垛庄镇后里村征集。

龙首玉带钩 明代

长 9.02 厘米,宽 1.61 厘米。
玉石质地,青白色。一端饰一龙首,面以浮雕形式饰有花卉图案。馆藏。

龙首圆身玉带钩 明代

长 5.83 厘米，宽 5.27 厘米。

玉石质地，青白色。龙首，圆身，整体呈琵琶状，面以浮雕形式饰有花卉图案。馆藏。

翡翠带钩 清代

长 8.03 厘米，宽 2 厘米。

翡翠质地，白绿色。一端饰一龙首。垛庄镇后里村征集。

龙形玉带钩（一）清代

长 11.13 厘米，宽 1.58 厘米，厚 1.26 厘米。

玉石质地。龙形首，窄长条形身，面饰一兽，首下有一圆穿，圆形尾，面与身间有一圈凹槽，背面有一椭圆形凸起的钉。馆藏。

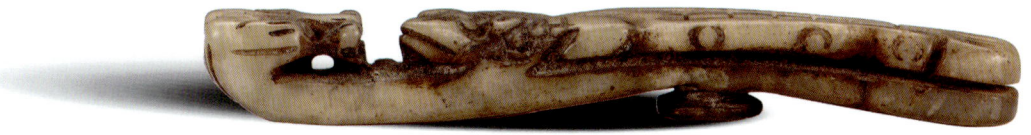

龙形玉带钩（二）清代

长 10.52 厘米，宽 1.48 厘米，厚 1.15 厘米。

玉石质地。龙形首，窄长条形身，面饰一兽，首下有一圆穿，圆形尾，面与身间有一圈凹槽，背面有一椭圆形凸起的钉。馆藏。

龙形玉带钩（三） 清代

长 9.56 厘米，宽 1.45 厘米，厚 1.23 厘米。
玉石质地。龙形首，窄长条形身，面饰一兽，下有一圆穿，圆形尾，面与身间有一圈凹槽，背面有一椭圆形凸起的钉。馆藏。

玉饰件（一） 清代

直径 1.9 厘米，高 2.87 厘米。
和田玉，青白色，圆柱状，面饰有勾云纹，中部有一小穿孔。垛庄镇后里村征集。

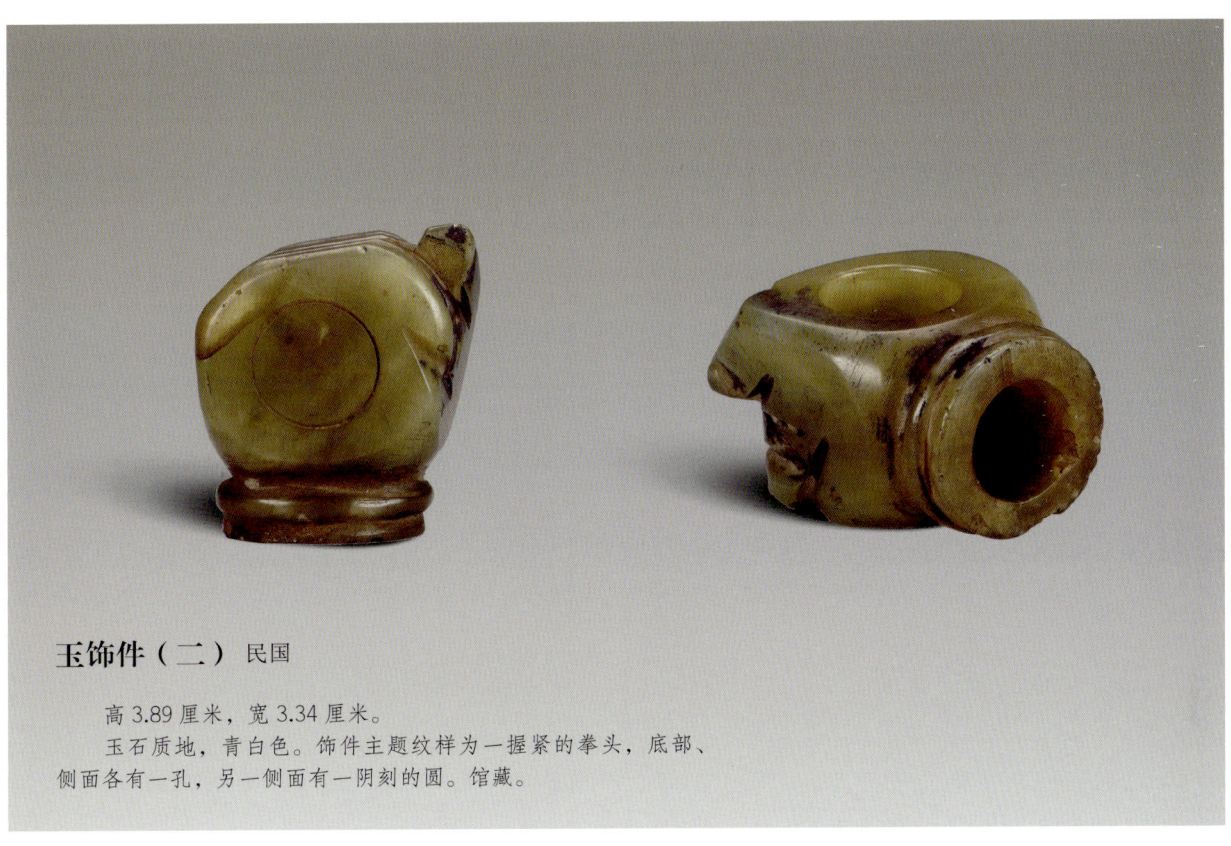

玉饰件（二） 民国

　　高 3.89 厘米，宽 3.34 厘米。
　　玉石质地，青白色。饰件主题纹样为一握紧的拳头，底部、侧面各有一孔，另一侧面有一阴刻的圆。馆藏。

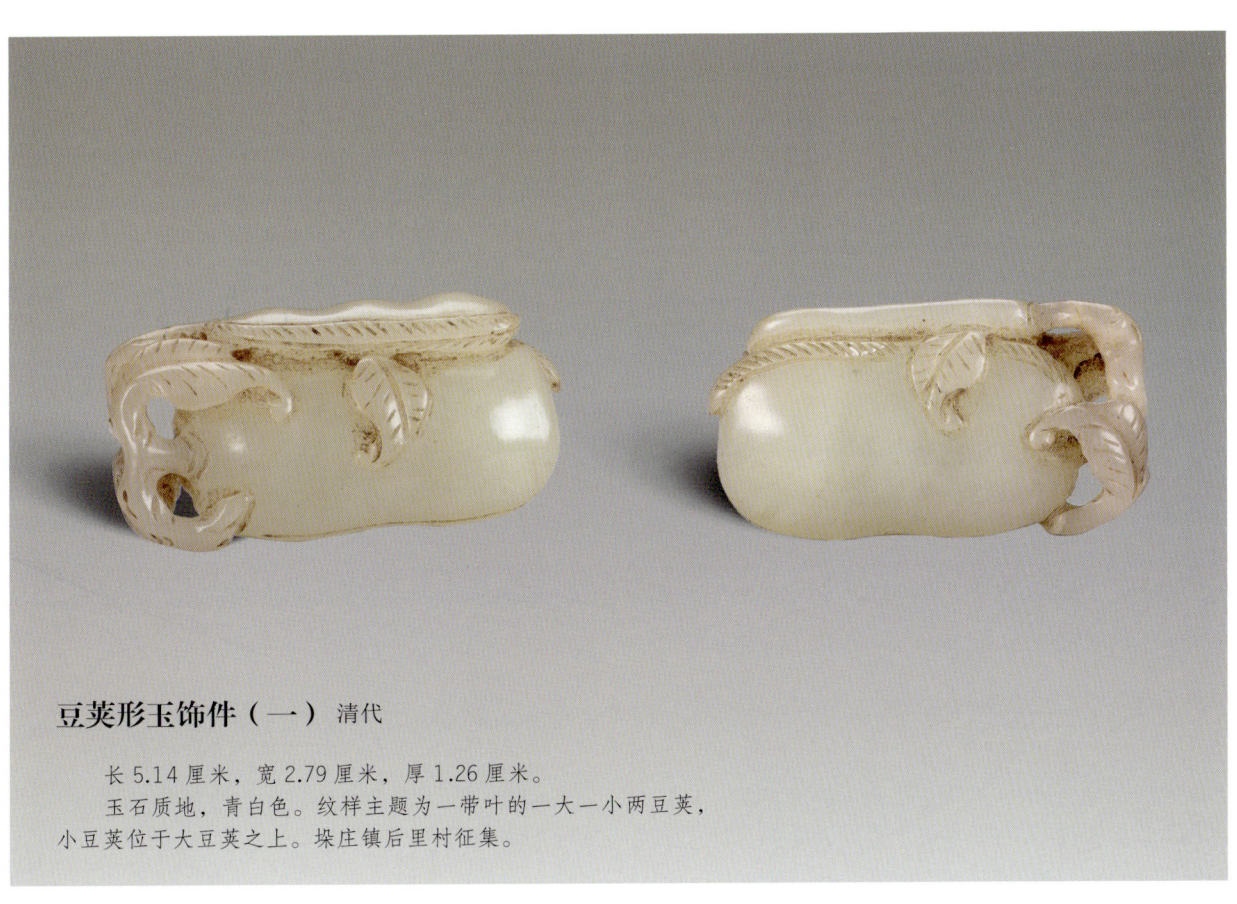

豆荚形玉饰件（一） 清代

　　长 5.14 厘米，宽 2.79 厘米，厚 1.26 厘米。
　　玉石质地，青白色。纹样主题为一带叶的一大一小两豆荚，小豆荚位于大豆荚之上。垛庄镇后里村征集。

豆荚形玉饰件（二） 清代

长 4.87 厘米，宽 3.93 厘米，厚 1.1 厘米。

和田玉质地，白色。主题纹样为一豆荚，上有两穿孔。一面浮雕飞翔蝙蝠、祥云，另一面阳刻一展翅趴伏在豆荚上的蝙蝠、两朵花周围少许枝蔓轻绕，颇雅致。馆藏。

玉手抄砚 清代

长 7.42 厘米，宽 6.66 厘米，厚 2.03 厘米。馆藏。

玉佩饰(一) 清代

长5.07厘米,宽5.27厘米,厚0.34厘米。馆藏。

玉佩饰(二) 清代

长5.83厘米,宽3.54厘米,厚0.6厘米。馆藏。

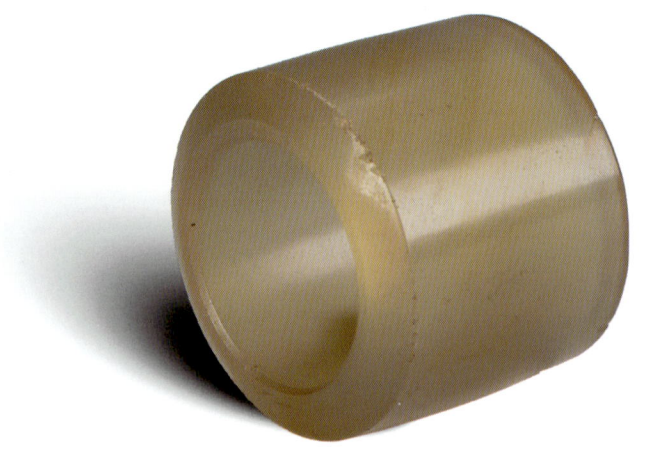

玛瑙扳指（一） 清代

直径 3.01 厘米，高 2.52 厘米。

玛瑙质地。整体呈桶状，表面光滑，素面无纹。垛庄镇后里村征集。

玛瑙扳指（二） 清代

直径 2.87 厘米，高 2.4 厘米。

玛瑙质地。整体呈桶状，表面光滑，素面无纹。垛庄镇后里村征集。

玛瑙扳指（三） 清代

　　直径 2.87 厘米，高 2.4 厘米。
　　玛瑙质地，红褐色。整体呈桶状，上下各饰两道凹弦纹，弦纹之间饰谷纹。垛庄镇后里村征集。

和田玉扳指 清代

　　直径 2.94 厘米，高 2.35 厘米。
　　和田玉质地，白色。整体呈桶状，表面光滑，素面无纹。垛庄镇后里村征集。

玉扳指 清代

直径 3.49 厘米，高 2.83 厘米。

整体呈桶状，表面光滑，素面无纹，底部饰凹弦纹。垛庄镇后里村征集。

玉牛 清代

长 6.95 厘米，宽 3.8 厘米，高 2.3 厘米。

青白色。卧牛四蹄蜷曲，扬首，牛角处有一穿孔。馆藏。

玉兽 清代

长 6.05 厘米，宽 4.04 厘米，高 2.49 厘米。

蜷卧，嘴尾相连，背饰浮雕勾云纹。尾部饰六道凹纹，凹纹间阴刻米粒状椭圆。眼、嘴用凹纹和圆表现，嘴似倒置张开的翅膀。头下有一穿孔。馆藏。

玉蝉（一） 民国

长 4.79 厘米，宽 2.65 厘米，厚 1.05 厘米。

玉石质地，青白色。体扁平，头部略呈弧形，双目外凸为阴线刻，两目之间阴刻"V"形纹饰，背部阳刻，应表现的蝉爪，下部阴刻六道弦纹，双翼阴刻位于两侧。馆藏。

玉蝉（二） 民国

长 4.31 厘米，宽 3.3 厘米。

黑色，头部略呈弧形，位于树叶之上，双目外凸为阴线刻，双翼覆盖尾部，双翼及尾末端均为弧状，头部、颈部、翼部、树叶均为弧形阴线刻。树叶也为弧形阴线刻。左上部有一小孔。馆藏。

玉蝉（三） 民国

长 4.94 厘米，宽 3.2 厘米，厚 0.93 厘米。

白色，体扁平，双目外凸，双翼覆盖全身，翼尖突出体外。头部、颈部、翼部均为阴线刻。头上部有一小孔。馆藏。

玉瓶 民国

高 13.35 厘米，口径 4.75 厘米，底径 4.29 厘米。

和田玉质地，白色。柱状盖纽，覆碗形盖，子母口，长束颈，溜肩，直壁微内敛，圈足，颈部饰象鼻形两耳。器盖下部、沿上部饰回形纹，颈部饰垂叶纹，腹饰变形人脸图案。联城镇乔家庄征集。

玉杯 民国

高 4.86 厘米，口径 7.78 厘米，底径 4.2 厘米。
玉石质地，白色。侈口，圆唇，腹斜收，圈足，沿腹间饰象鼻形耳。馆藏。

琉璃镯 民国

外径 8.14 厘米，内径 6.08 厘米。

翡翠镯 民国

外径 8.12 厘米，内径 5.97 厘米。

玛瑙指环 民国

外径 2.29 厘米，内径 1.65 厘米。

玉镯 民国

外径 7.8 厘米，内径 5.73 厘米。

陶瓷器

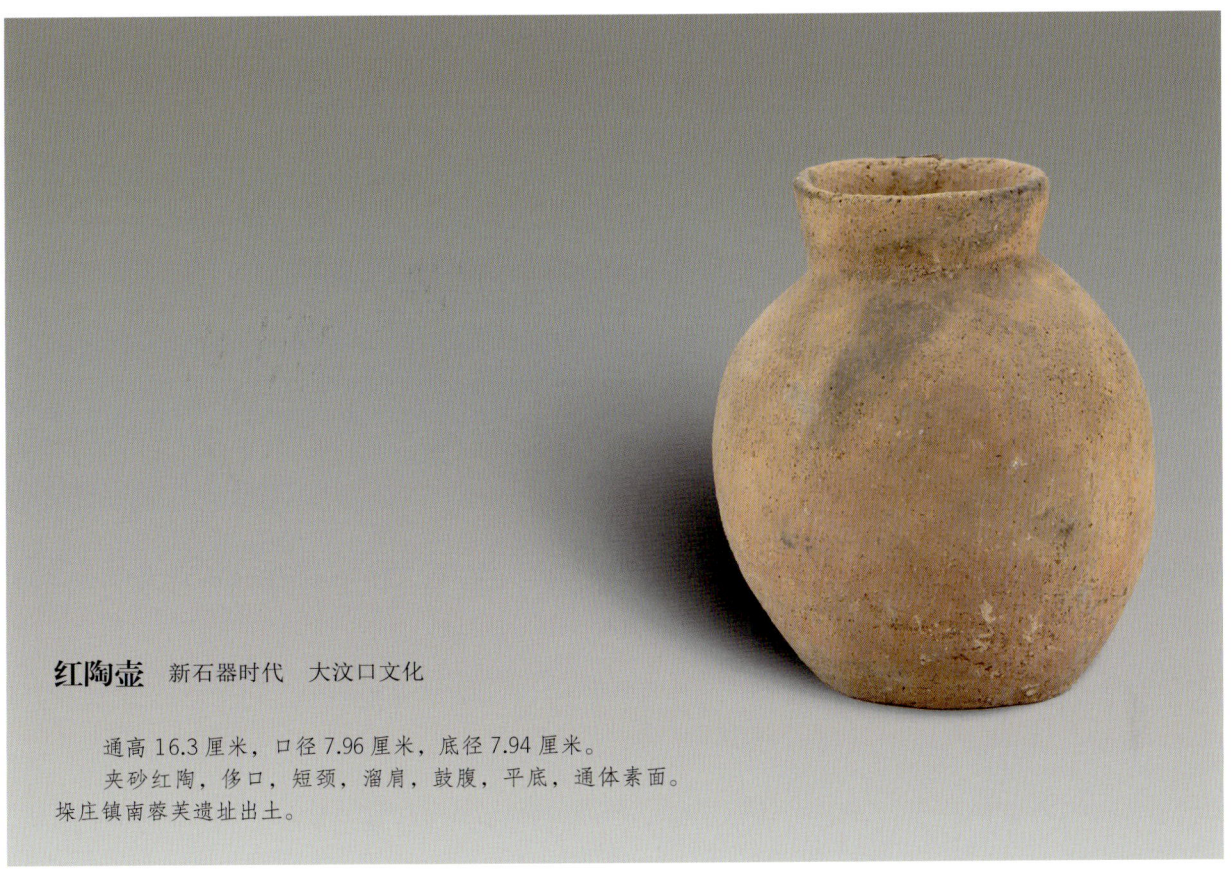

红陶壶 新石器时代 大汶口文化

通高 16.3 厘米，口径 7.96 厘米，底径 7.94 厘米。
夹砂红陶，侈口，短颈，溜肩，鼓腹，平底，通体素面。
垛庄镇南蓉芙遗址出土。

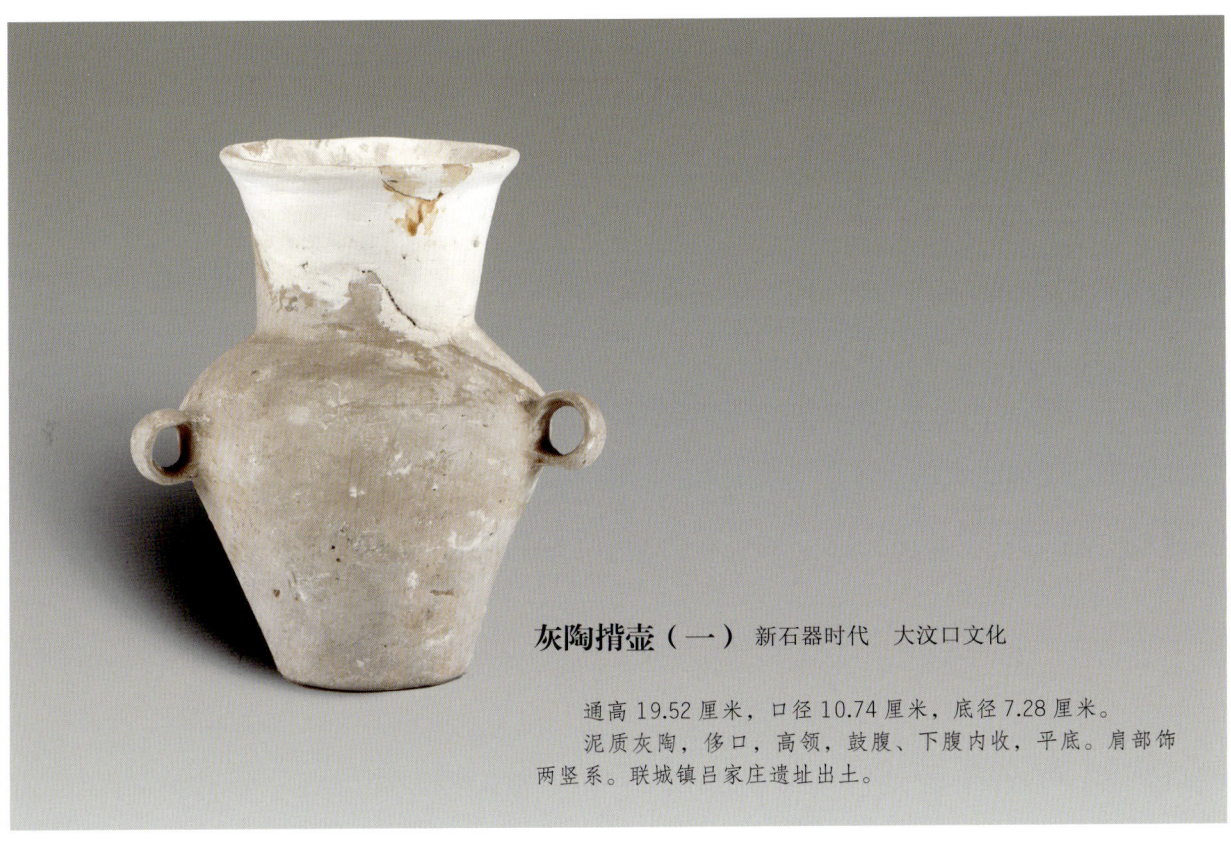

灰陶揹壶（一） 新石器时代 大汶口文化

通高 19.52 厘米，口径 10.74 厘米，底径 7.28 厘米。
泥质灰陶，侈口，高领，鼓腹、下腹内收，平底。肩部饰两竖系。联城镇吕家庄遗址出土。

灰陶揹壶（二） 新石器时代　大汶口文化

通高17.34厘米，口径7.8厘米，底径7.2厘米。

泥质灰陶，直口，粗颈，鼓腹内收，平底。肩部饰两竖系，腹部一侧扁平、一侧附一鸟喙状扳。垛庄镇黄仁遗址出土。

灰陶背壶（三） 新石器时代 大汶口文化

通高 20.52 厘米，口径 6.94 厘米，底径 6.76 厘米。

泥质灰陶，侈口，长颈，腹微鼓，平底。肩腹交界处两侧各饰一扁状系。联城镇吕家庄遗址出土。

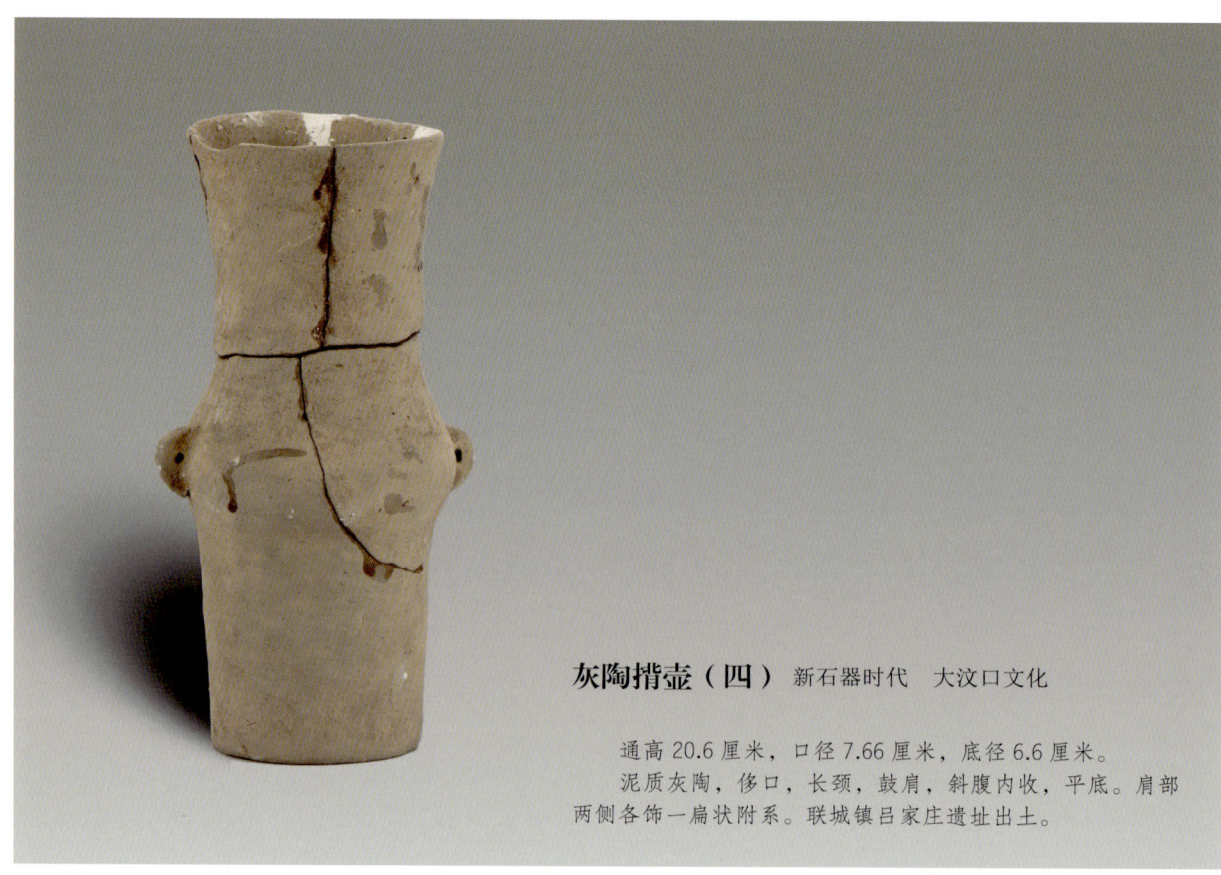

灰陶揹壶（四） 新石器时代 大汶口文化

通高 20.6 厘米，口径 7.66 厘米，底径 6.6 厘米。
泥质灰陶，侈口，长颈，鼓肩，斜腹内收，平底。肩部两侧各饰一扁状附系。联城镇吕家庄遗址出土。

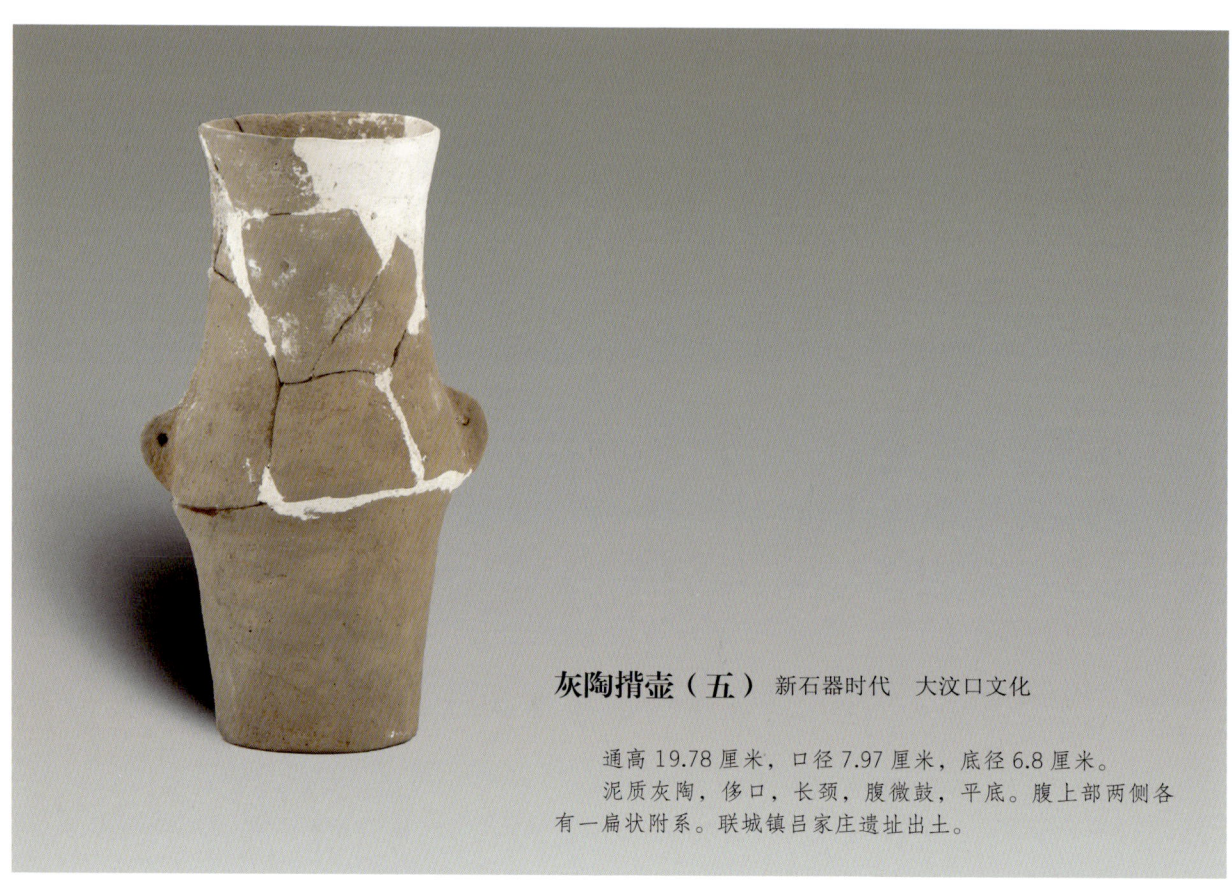

灰陶揹壶（五） 新石器时代 大汶口文化

通高 19.78 厘米，口径 7.97 厘米，底径 6.8 厘米。
泥质灰陶，侈口，长颈，腹微鼓，平底。腹上部两侧各有一扁状附系。联城镇吕家庄遗址出土。

灰陶壶 新石器时代 大汶口文化

通高 21.46 厘米，口径 11.9 厘米，底径 6.82 厘米。

泥质灰陶，圆唇，侈口，唇上有鸟喙状凸起，长颈，鼓腹内收，圈足。垛庄镇黄仁遗址出土。

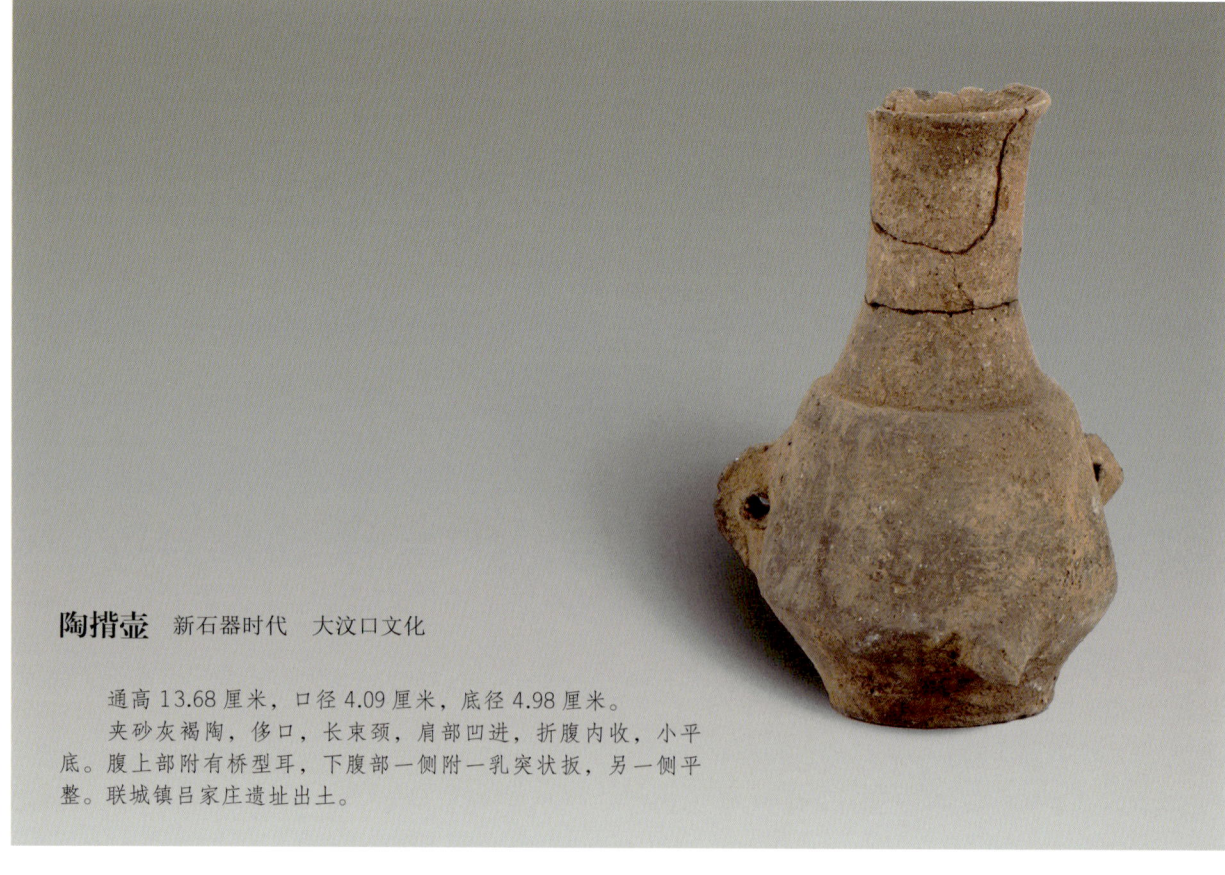

陶背壶　新石器时代　大汶口文化

通高 13.68 厘米，口径 4.09 厘米，底径 4.98 厘米。夹砂灰褐陶，侈口，长束颈，肩部凹进，折腹内收，小平底。腹上部附有桥型耳，下腹部一侧附一乳突状扳，另一侧平整。联城镇吕家庄遗址出土。

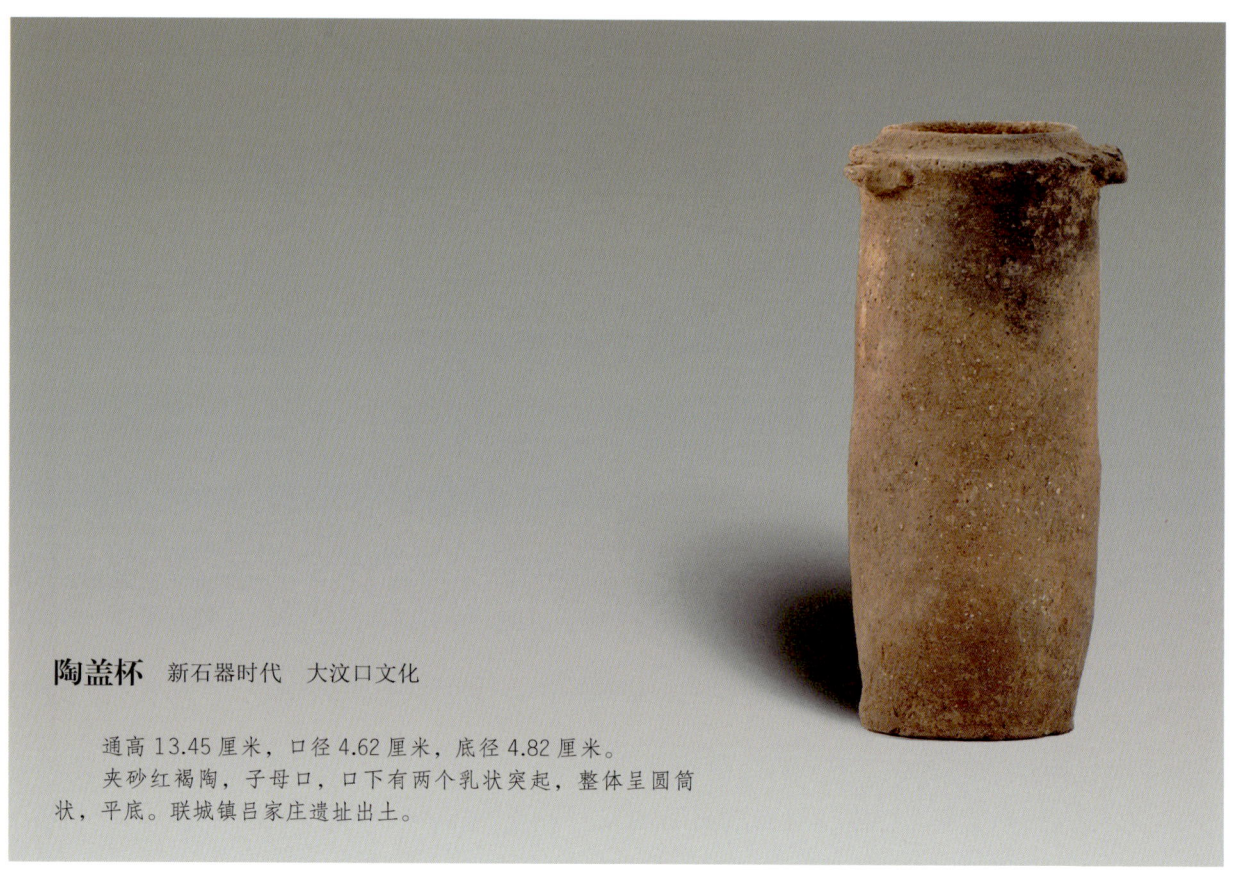

陶盖杯　新石器时代　大汶口文化

通高 13.45 厘米，口径 4.62 厘米，底径 4.82 厘米。夹砂红褐陶，子母口，口下有两个乳状突起，整体呈圆筒状，平底。联城镇吕家庄遗址出土。

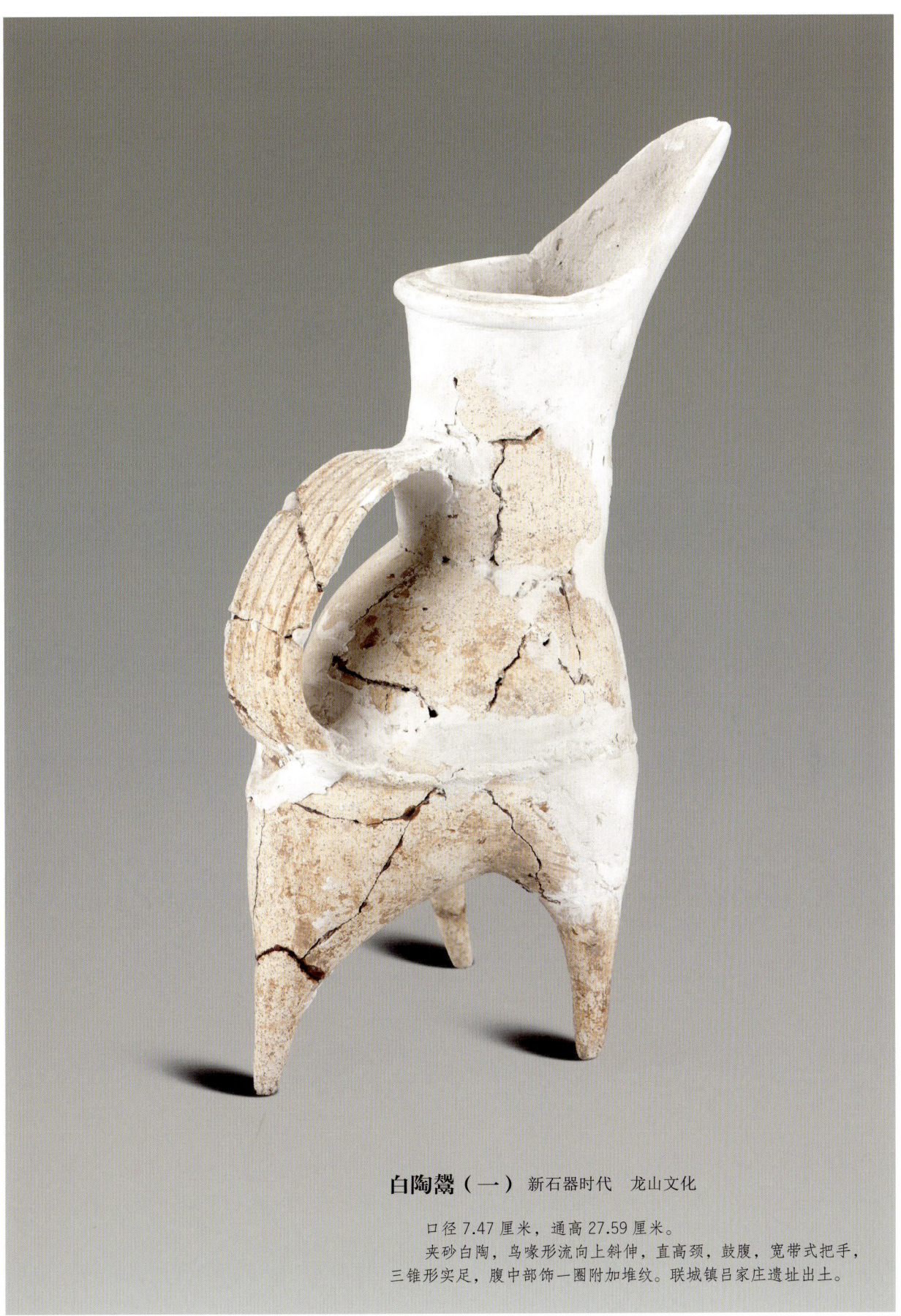

白陶鬶（一） 新石器时代 龙山文化

口径 7.47 厘米，通高 27.59 厘米。

夹砂白陶，鸟喙形流向上斜伸，直高颈，鼓腹，宽带式把手，三锥形实足，腹中部饰一圈附加堆纹。联城镇吕家庄遗址出土。

白陶鬶（二） 新石器时代 龙山文化

通高35厘米，口径9.73厘米。

夹砂白陶，鸟喙形流，粗颈，扁鼓腹，腹上对称各饰一凸起小泥饼，下腹饰一圈凸弦纹，底稍弧，三柱状足。索状把手。联城镇吕家庄遗址出土。

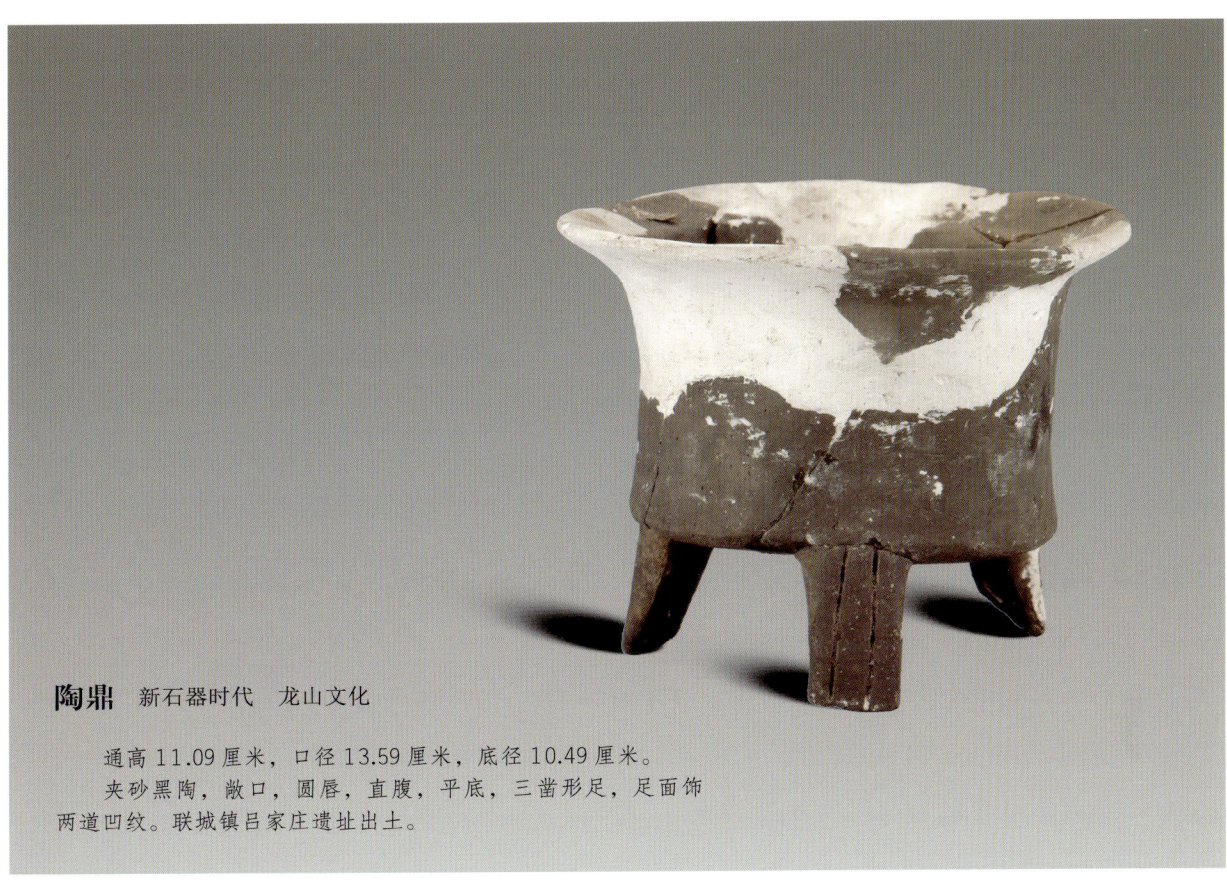

陶鼎 新石器时代 龙山文化

通高 11.09 厘米，口径 13.59 厘米，底径 10.49 厘米。
夹砂黑陶，敞口，圆唇，直腹，平底，三凿形足，足面饰两道凹纹。联城镇吕家庄遗址出土。

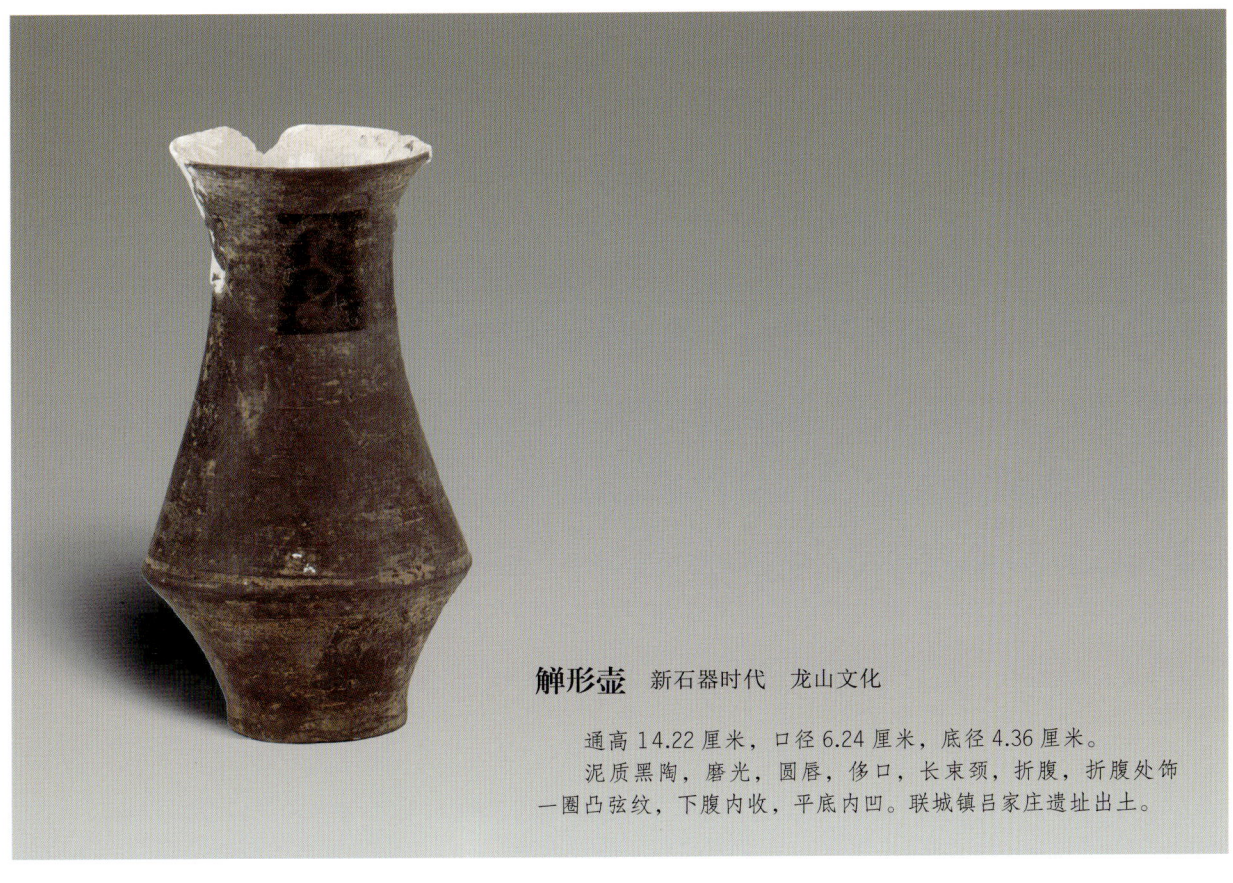

觯形壶 新石器时代 龙山文化

通高 14.22 厘米，口径 6.24 厘米，底径 4.36 厘米。
泥质黑陶，磨光，圆唇，侈口，长束颈，折腹，折腹处饰一圈凸弦纹，下腹内收，平底内凹。联城镇吕家庄遗址出土。

尊形罐 新石器时代 龙山文化

通高 15.53 厘米，口径 9.45 厘米，底径 6.98 厘米。

泥质黑陶，素面磨光，侈口，圆唇，高颈，折肩，折腹内收，小平底。联城镇吕家庄遗址出土。

黑陶杯 新石器时代 龙山文化

通高 7.1 厘米，口径 6.55 厘米，底径 3.29 厘米。

泥质黑陶，素面磨光，侈口，圆唇，粗颈，鼓腹内收，小平底。联城镇吕家庄遗址出土。

单把黑陶杯　新石器时代　龙山文化

通高 6.1 厘米，口径 6.36 厘米，底径 4.76 厘米。

泥质黑陶，磨光，侈口，粗颈，鼓腹，平底，宽带式把自腹向上与口沿相接。联城镇吕家庄遗址出土。

高柄杯　新石器时代　龙山文化

通高 14.13 厘米，口径 11.04 厘米，底径 4.38 厘米。

泥质黑陶，磨光，壁薄如蛋壳。侈口，宽沿，深直腹，圜底，下附高柄。柄为空心圆筒形，并饰有长条形镂空纹。联城镇吕家庄遗址出土。

三足黑陶杯 新石器时代 龙山文化

　　通高 5.3 厘米，口径 4.66 厘米，底径 3.99 厘米。
　　泥质黑陶，通体磨光、胎较薄。侈口，束腹，平底，三凿形足。联城镇吕家庄遗址出土。

黑陶高柄杯 新石器时代 龙山文化

　　通高 10.85 厘米，口径 4.95 厘米，底径 5.09 厘米。
　　泥质黑陶，磨光，敞口，方唇，直壁，圜底，高柄，喇叭圈足。馆藏。

陶纺轮（一） 新石器时代

直径 3.94 厘米，厚 1.69 厘米。
夹细砂红褐陶。整体呈饼状，中部有一圆穿，表面光滑。
联城镇吕家庄遗址出土。

陶纺轮（二） 新石器时代

直径 4.2 厘米，厚 2.5 厘米。
夹砂红褐陶。整体呈圆饼状，中部有一圆穿，表面粗糙。
联城镇吕家庄遗址出土。

灰陶罐 东周

通高9.04厘米，口径9.05厘米，底径7.45厘米。
夹砂灰陶，圆唇，侈口，短领，鼓腹，最大径居中，平底，素面。联城镇王家村出土。

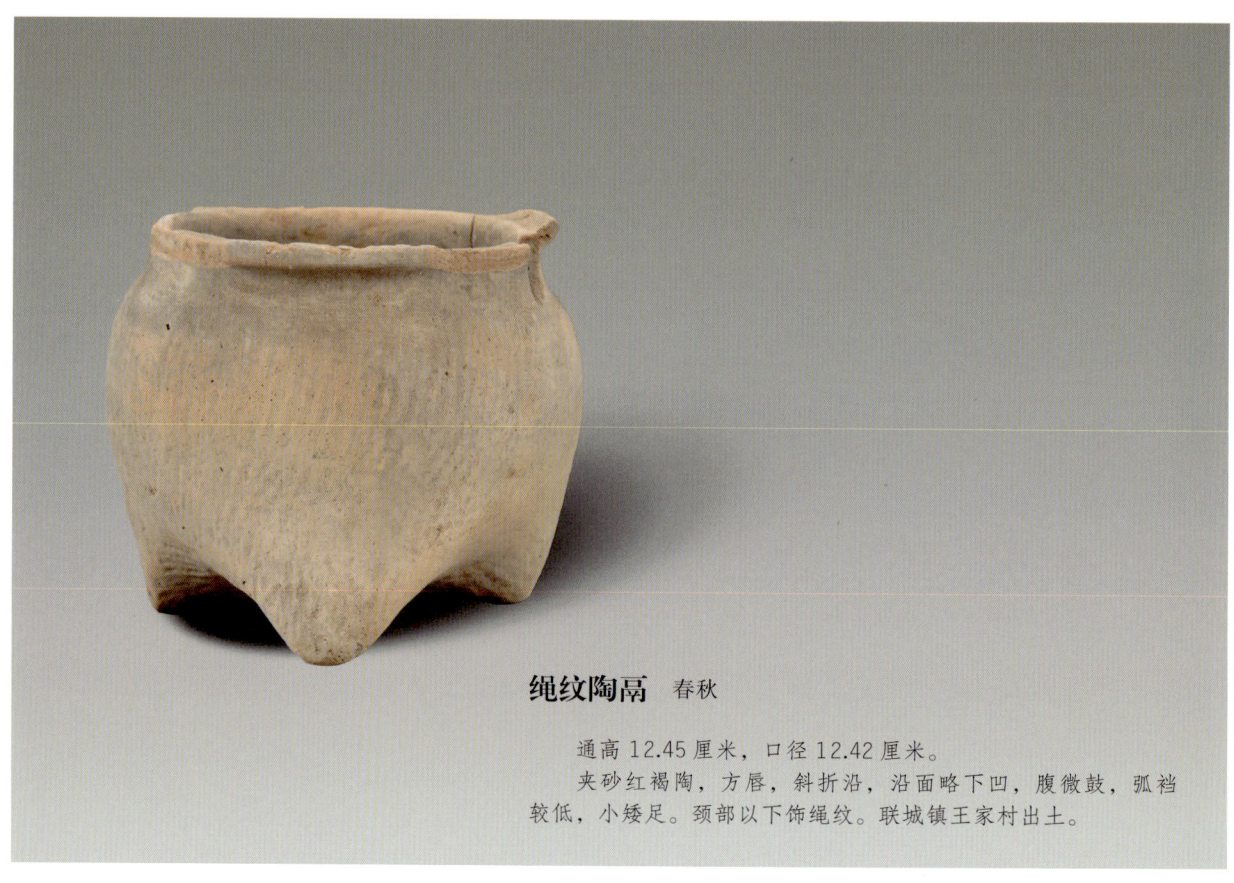

绳纹陶鬲 春秋

通高12.45厘米，口径12.42厘米。
夹砂红褐陶，方唇，斜折沿，沿面略下凹，腹微鼓，弧裆较低，小矮足。颈部以下饰绳纹。联城镇王家村出土。

陶鬲 春秋

通高12.38厘米，口径13厘米。

夹砂灰陶，方唇，斜折沿，沿面略下凹，直腹，弧裆较低，小矮足，素面。垛庄镇后里遗址出土。

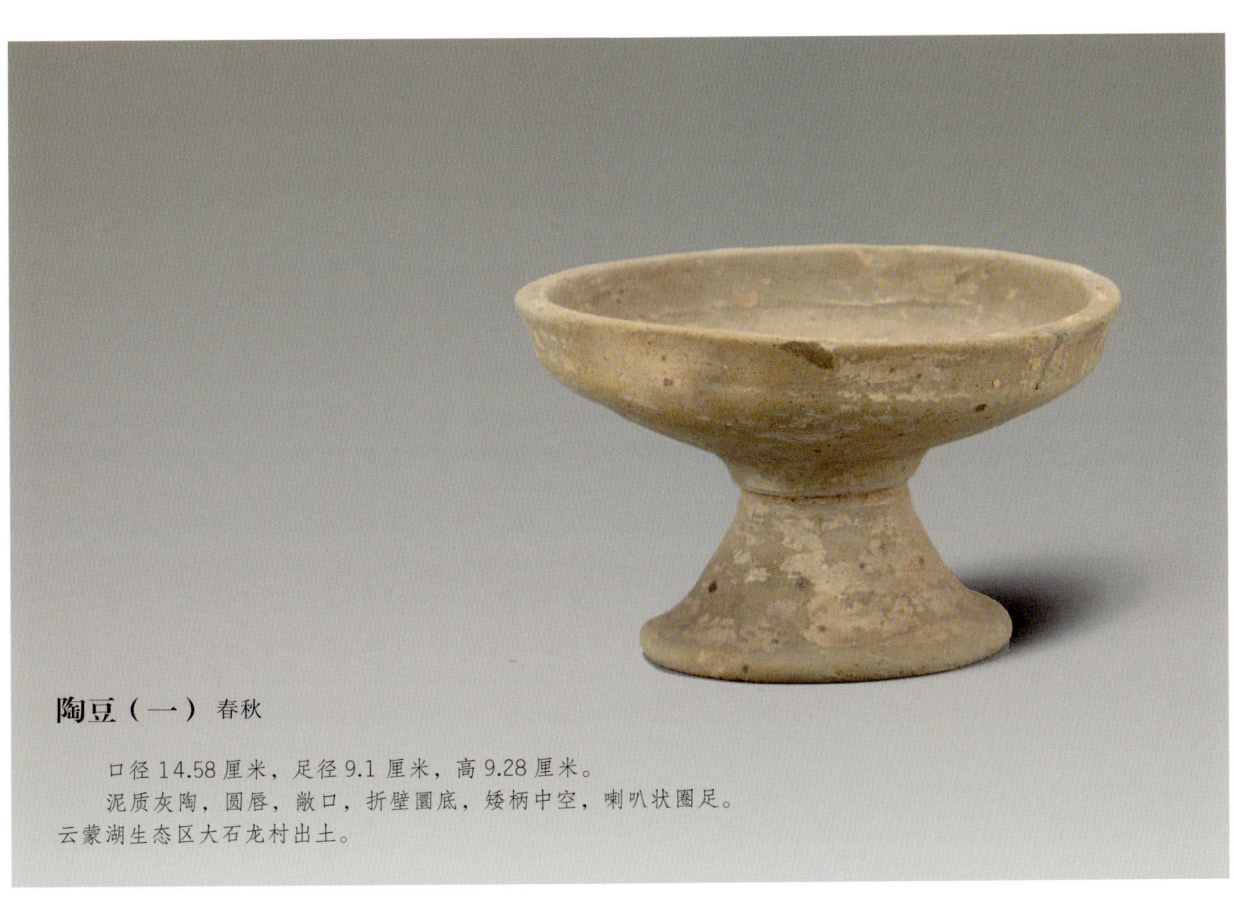

陶豆（一） 春秋

口径14.58厘米，足径9.1厘米，高9.28厘米。

泥质灰陶，圆唇，敞口，折壁圜底，矮柄中空，喇叭状圈足。云蒙湖生态区大石龙村出土。

陶豆（二） 春秋

　　口径 3.5 厘米，足径 2.44 厘米，高 2.64 厘米。
　　泥质灰陶，圆唇，敞口，折壁圜底，矮柄中空，喇叭状圈足。馆藏。

陶豆（三） 春秋

　　口径 15.05 厘米，底径 7.5 厘米，高 11.3 厘米。
　　泥质灰陶。圆唇，侈口，折腹，圜底。矮柄中空，喇叭状圈足。联城镇王家村出土。

陶豆（四） 春秋

口径 13.11 厘米，足径 8.04 厘米，高 11.79 厘米。

泥质灰陶，圆唇，侈口，折腹，圜底，矮柄中空，喇叭状圈足。馆藏。

陶豆（五） 春秋

口径 15.74 厘米，足径 8.95 厘米，高 11.49 厘米。

泥质灰陶，圆唇，侈口，折腹，圜底，矮柄中空，喇叭状圈足，柄中空。馆藏。

彩绘三足双耳盖杯 战国

通高 15.97 厘米，口径 10.39 厘米，底径 8.79 厘米。

泥质灰陶，子母口，盖纽为长方体，杯身呈圆筒状，上部饰有彩绘，中部两侧各饰环形耳，平底，三实心圆柱状足。垛庄镇后里遗址出土。

陶盂（一） 春秋

　　口径18.88厘米，底径10.37厘米，高13.32厘米。泥质灰陶，方唇，宽折沿，深腹，平底，腹上部饰有三道凸弦纹。联城镇王家村出土。

陶盂（二） 战国

　　通高8.9厘米，口径17.54厘米，底径9.12厘米。侈口，圆唇，斜折沿，深腹，平底。云蒙湖生态区大石龙村出土。

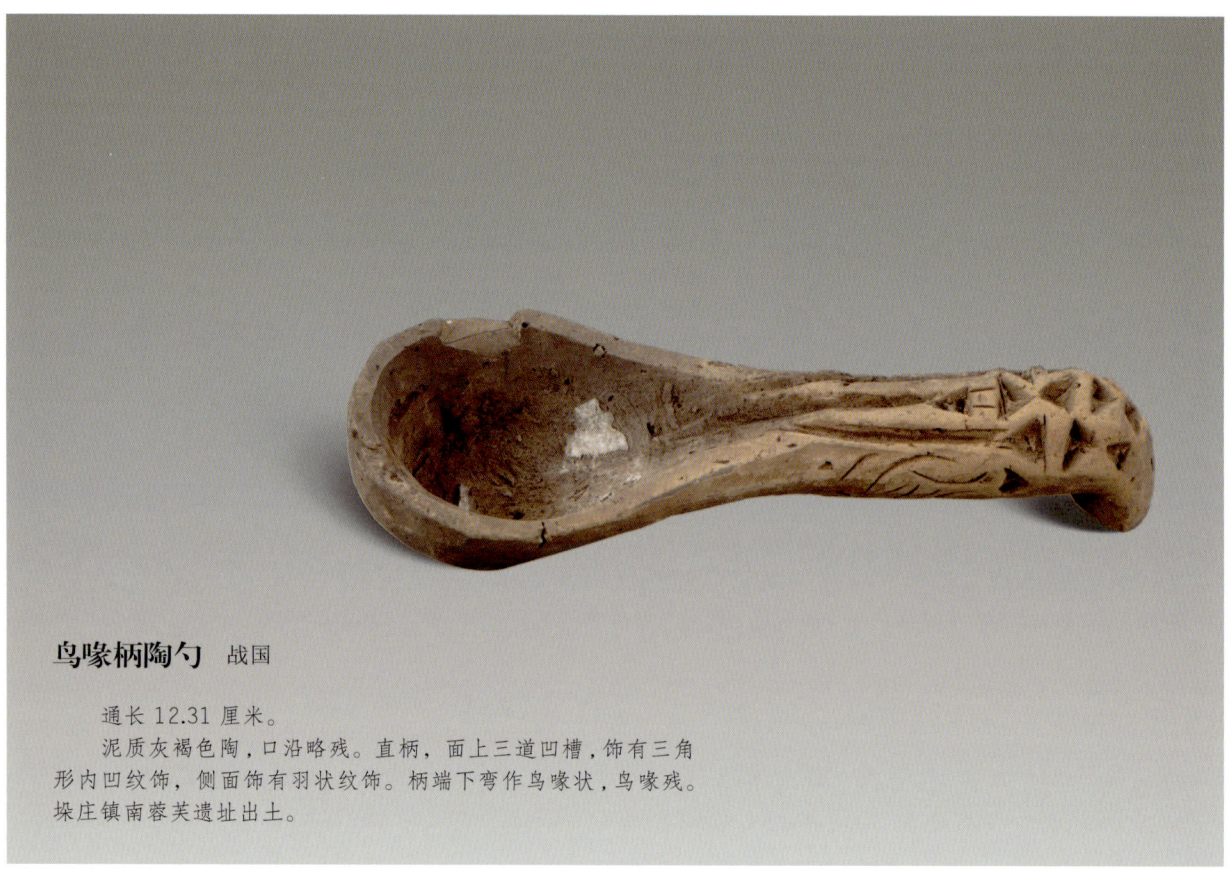

鸟喙柄陶勺 战国

通长 12.31 厘米。

泥质灰褐色陶，口沿略残。直柄，面上三道凹槽，饰有三角形内凹纹饰，侧面饰有羽状纹饰。柄端下弯作鸟喙状，鸟喙残。垛庄镇南蓉芙遗址出土。

陶盘 战国

口径 23.81 厘米，底径 9.48 厘米，高 17.46 厘米。

泥质灰陶。敞口，斜折沿，沿面有一周凸棱，内侧下凹，弧腹内收，平底。馆藏。

灰陶罐（一） 战国

通高 41.65 厘米，口径 16.3 厘米，底径 18.34 厘米。

泥质灰陶，叠唇，细颈，溜肩，鼓腹内收，平底。云蒙湖生态区大石龙村出土。

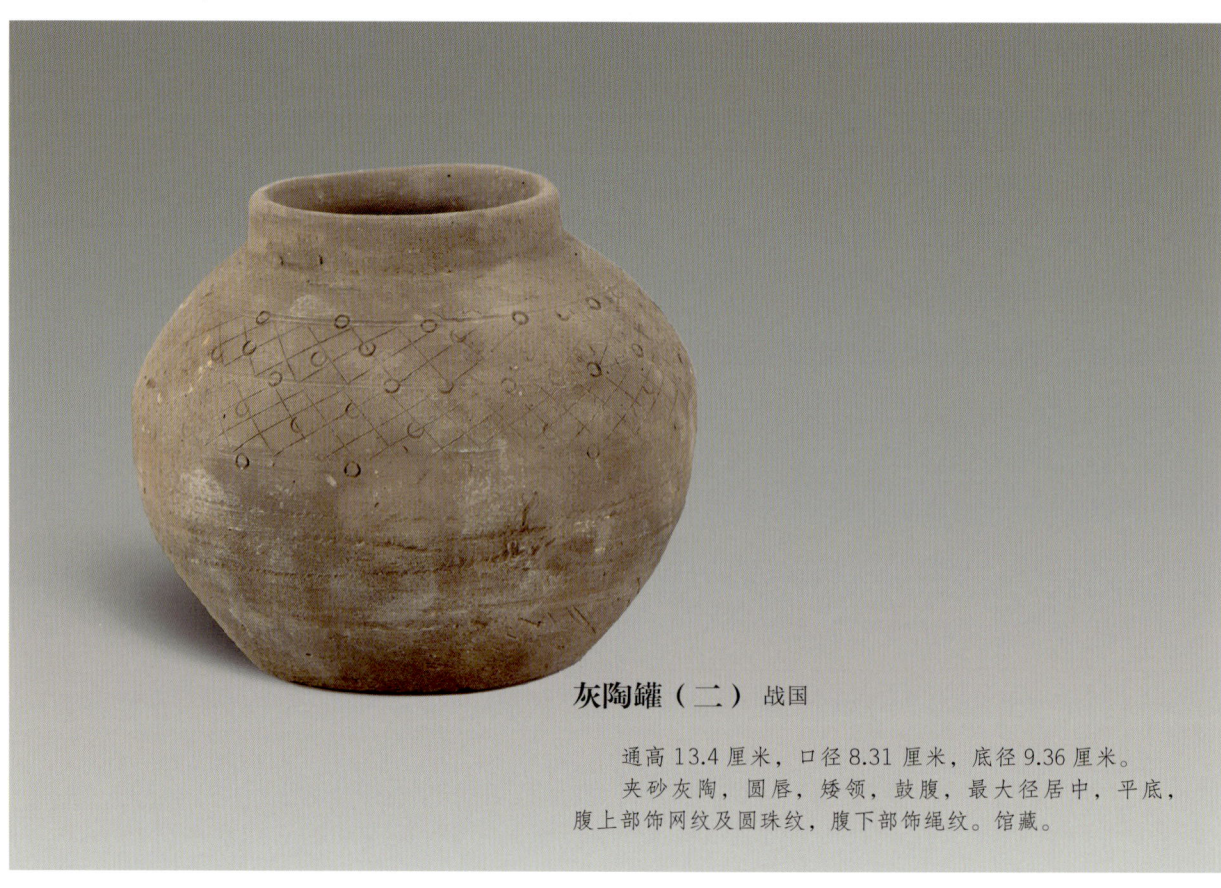

灰陶罐（二） 战国

通高 13.4 厘米，口径 8.31 厘米，底径 9.36 厘米。
夹砂灰陶，圆唇，矮领，鼓腹，最大径居中，平底，腹上部饰网纹及圆珠纹，腹下部饰绳纹。馆藏。

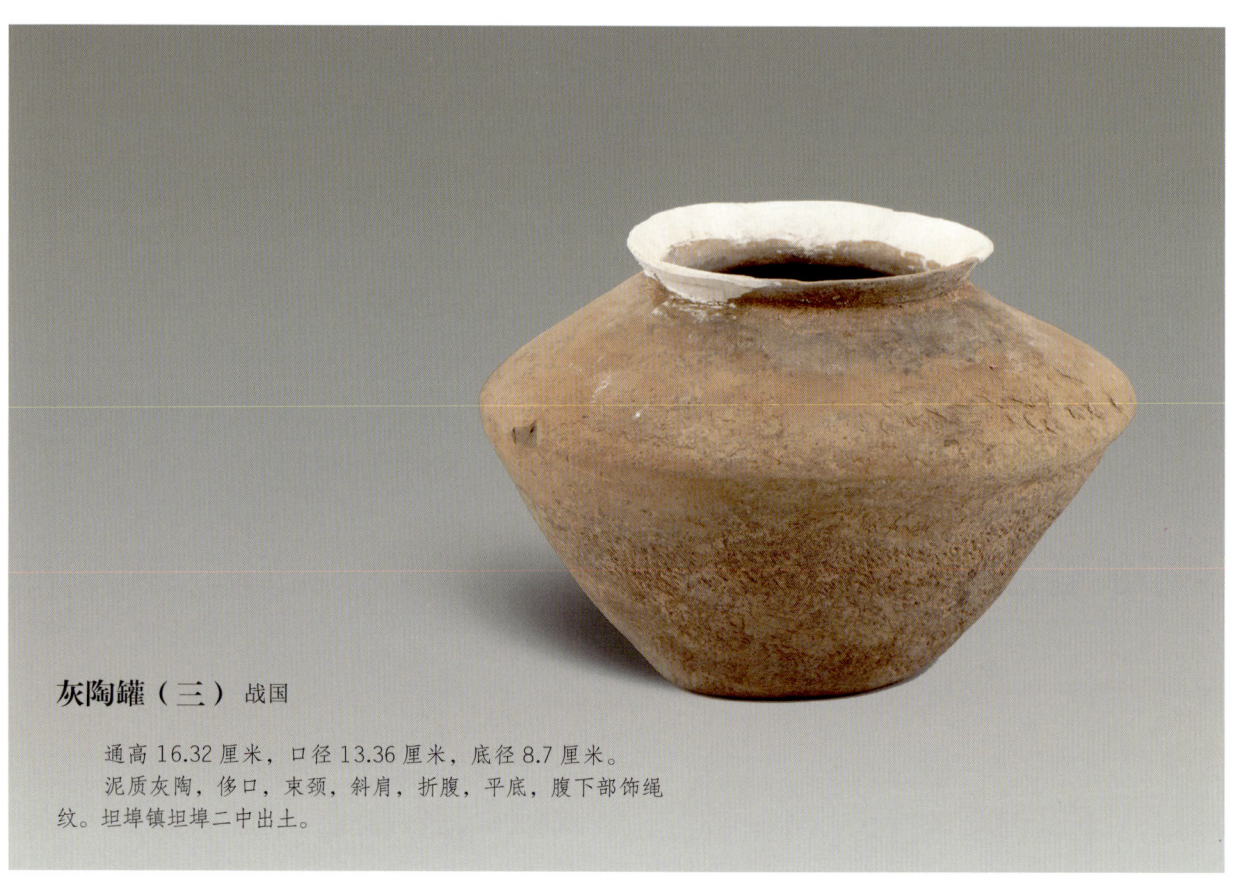

灰陶罐（三） 战国

通高 16.32 厘米，口径 13.36 厘米，底径 8.7 厘米。
泥质灰陶，侈口，束颈，斜肩，折腹，平底，腹下部饰绳纹。坦埠镇坦埠二中出土。

三足罐（一） 汉代

口径 14.43 厘米，底径 10.06 厘米，高 13.04 厘米。

敛口，圆唇，溜肩，鼓腹，平底，腹部饰两长方形耳，三柱状足。颈下腹上饰两圈凹弦纹，弦纹间饰方格纹，间饰戳圆纹。腹部饰戳纹。馆藏。

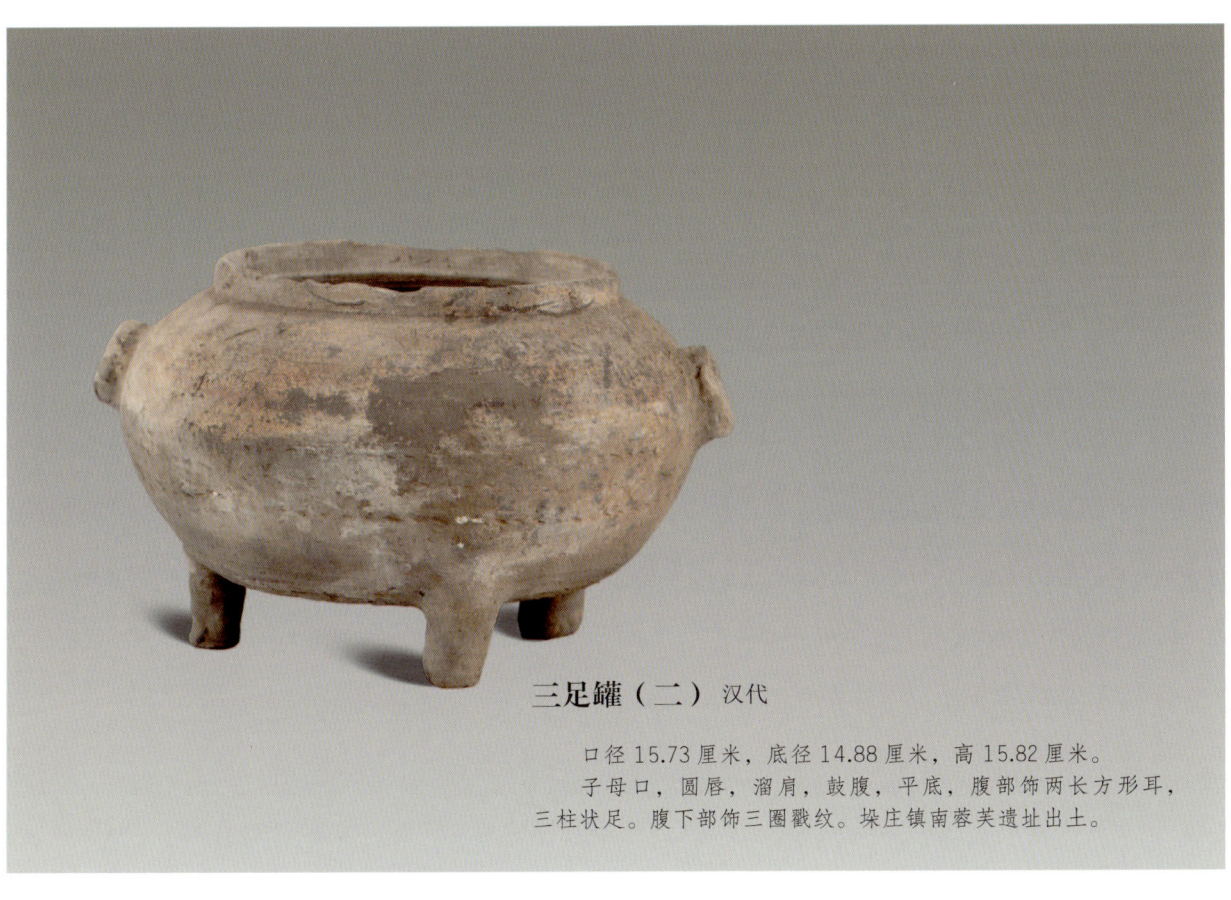

三足罐（二） 汉代

口径 15.73 厘米，底径 14.88 厘米，高 15.82 厘米。

子母口，圆唇，溜肩，鼓腹，平底，腹部饰两长方形耳，三柱状足。腹下部饰三圈戳纹。垛庄镇南蓉芙遗址出土。

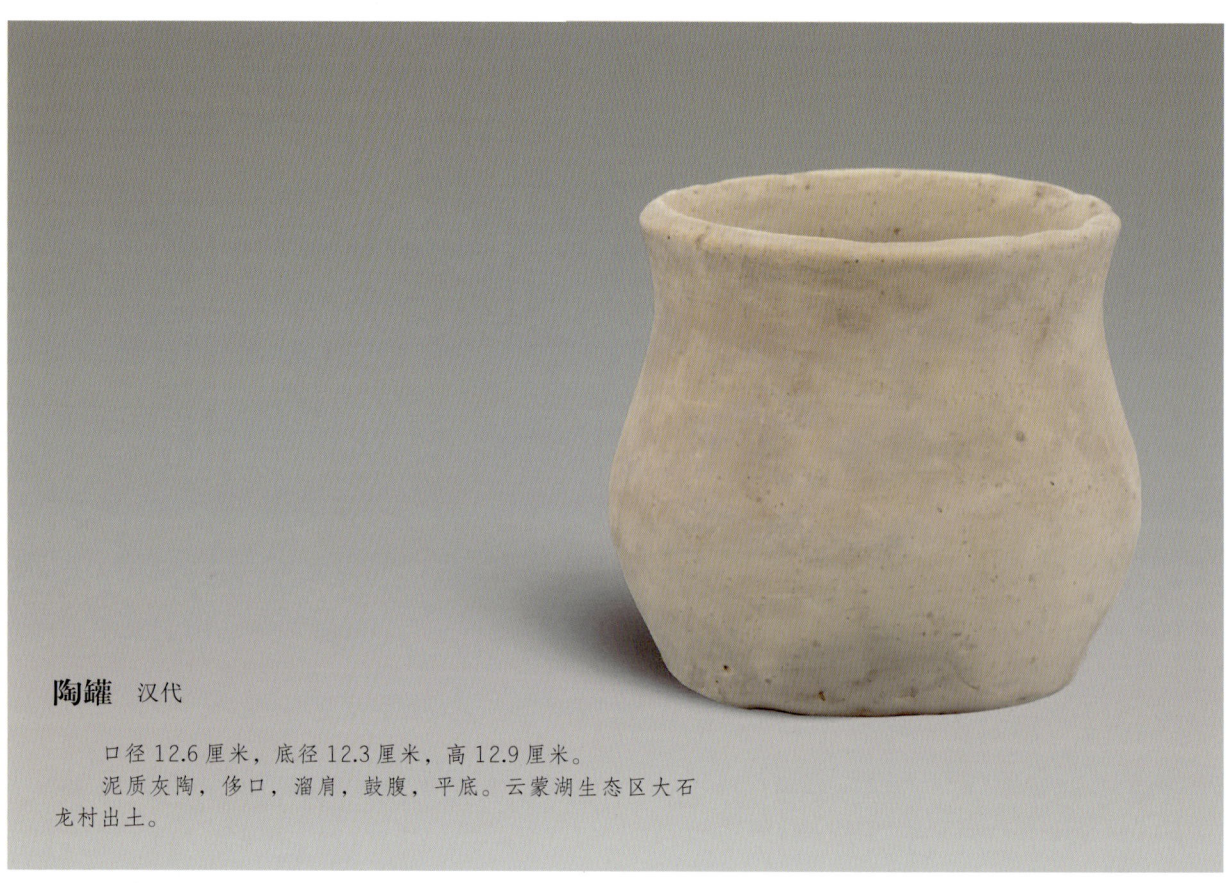

陶罐 汉代

口径 12.6 厘米，底径 12.3 厘米，高 12.9 厘米。
泥质灰陶，侈口，溜肩，鼓腹，平底。云蒙湖生态区大石龙村出土。

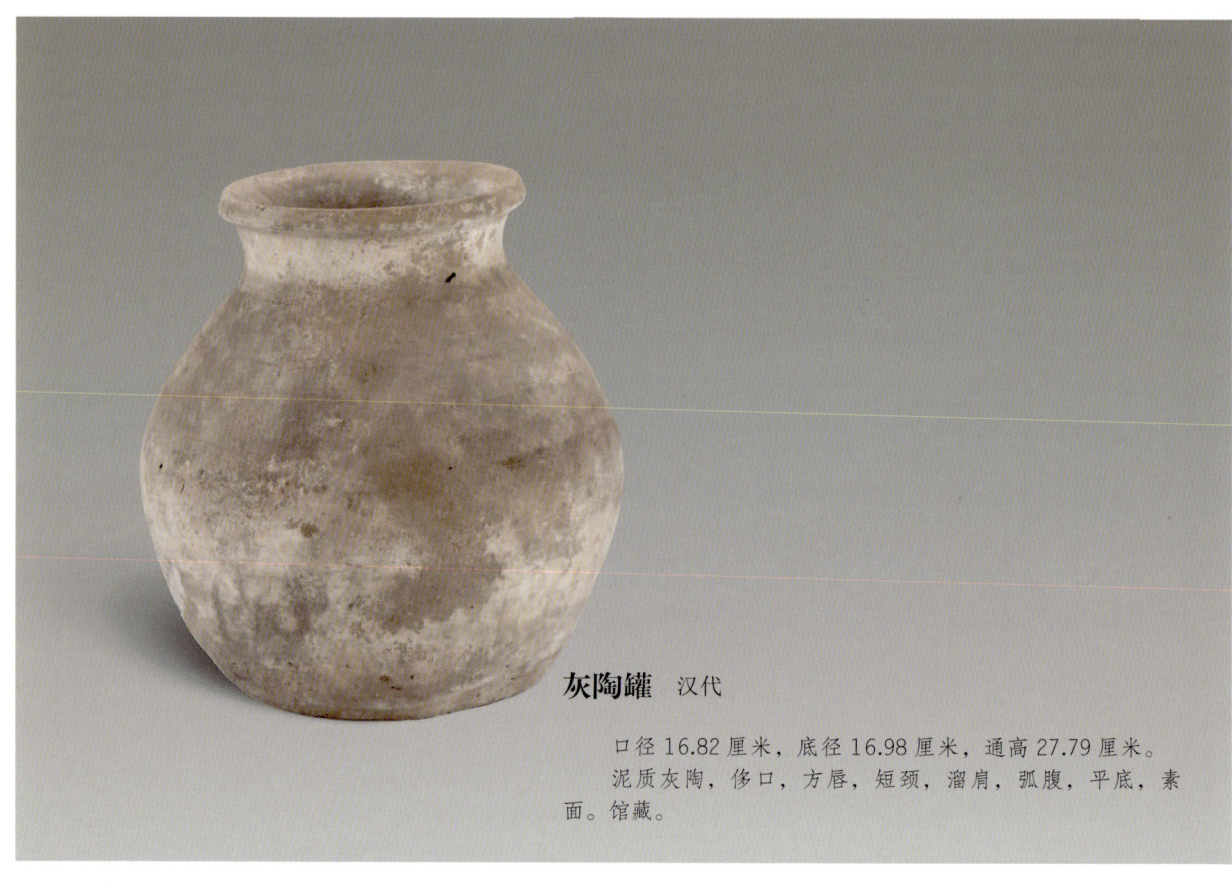

灰陶罐 汉代

口径 16.82 厘米，底径 16.98 厘米，通高 27.79 厘米。
泥质灰陶，侈口，方唇，短颈，溜肩，弧腹，平底，素面。馆藏。

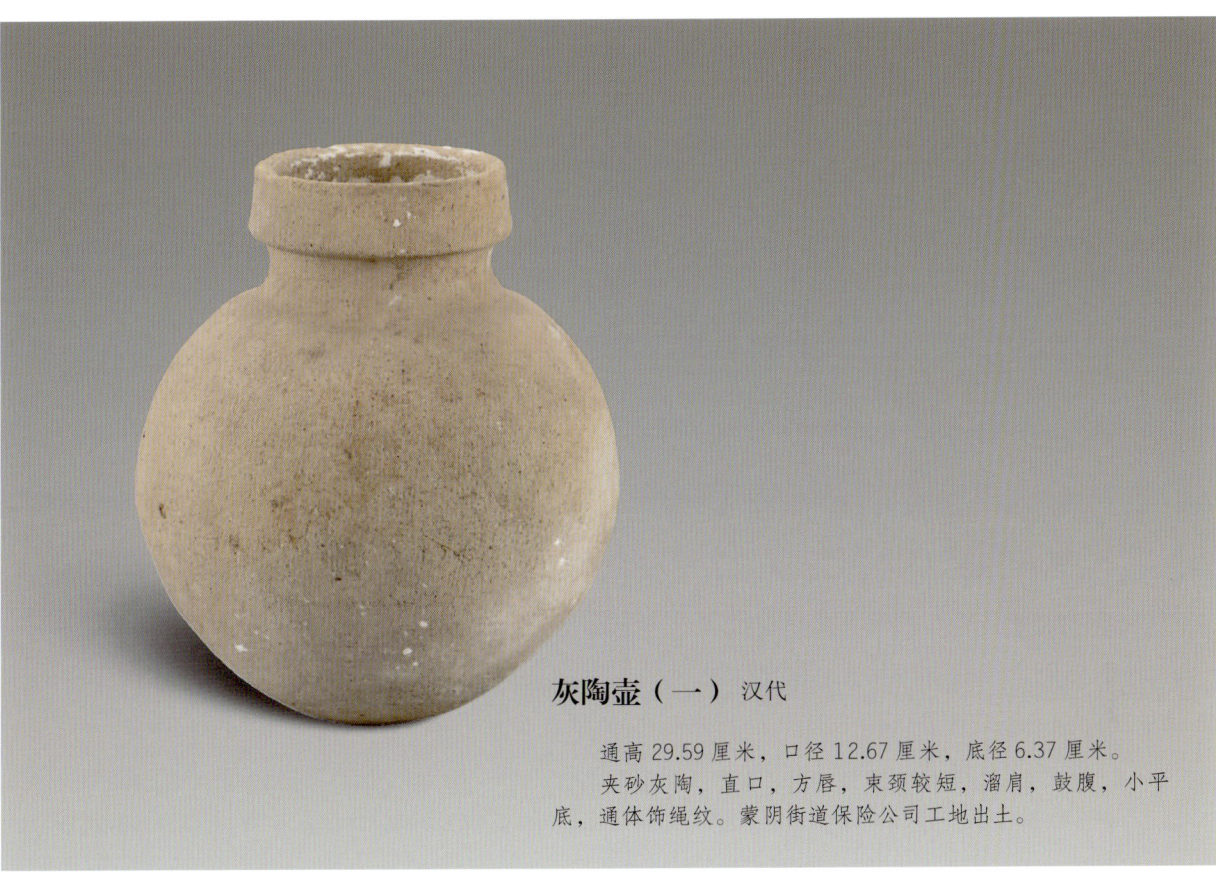

灰陶壶（一） 汉代

通高 29.59 厘米，口径 12.67 厘米，底径 6.37 厘米。
夹砂灰陶，直口，方唇，束颈较短，溜肩，鼓腹，小平底，通体饰绳纹。蒙阴街道保险公司工地出土。

灰陶壶（二） 汉代

口径 12.56 厘米，底径 6.61 厘米，通高 28.29 厘米。
夹砂灰陶，盘口，方唇，折沿，短颈，溜肩，鼓腹，小平底。下腹斜收较甚，腹下部及底饰横向绳纹。馆藏。

蒙阴文物

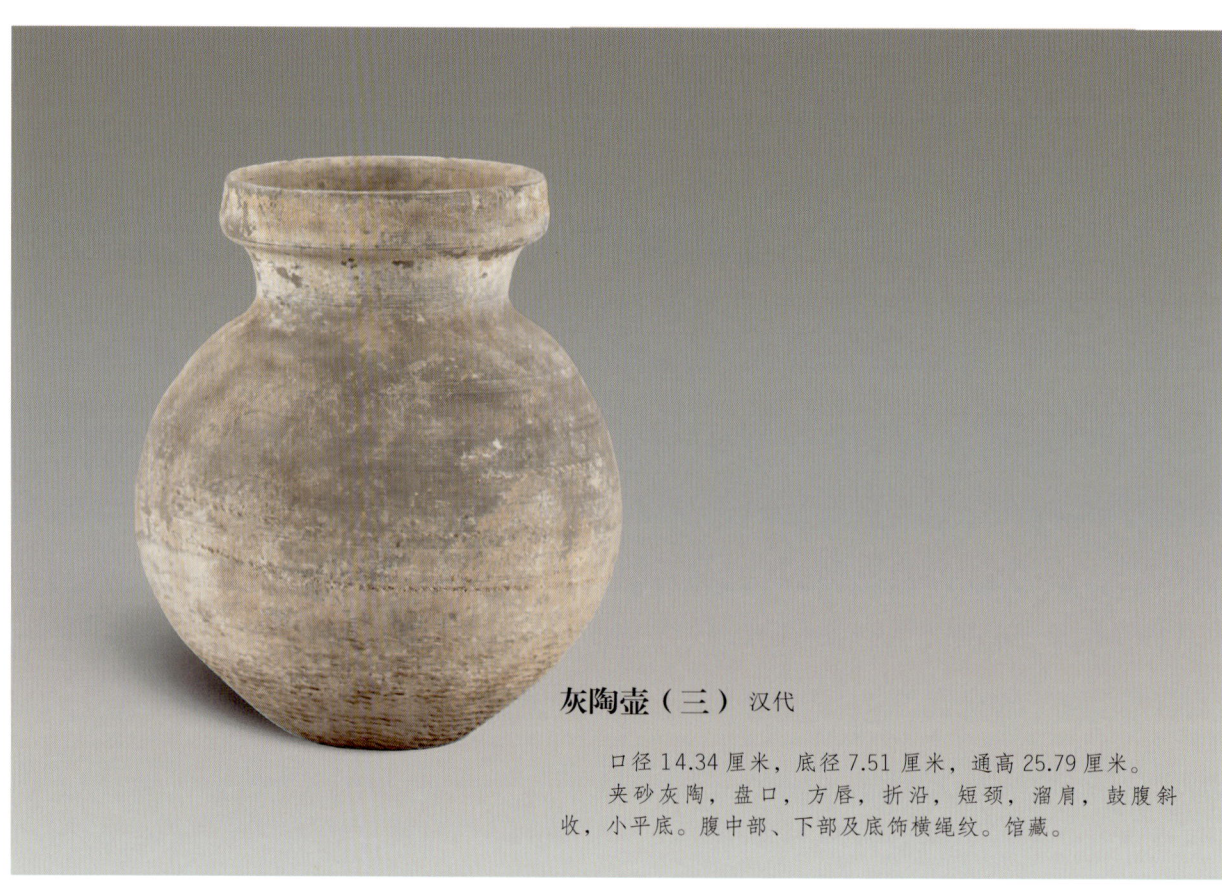

灰陶壶（三） 汉代

口径 14.34 厘米，底径 7.51 厘米，通高 25.79 厘米。夹砂灰陶，盘口，方唇，折沿，短颈，溜肩，鼓腹斜收，小平底。腹中部、下部及底饰横绳纹。馆藏。

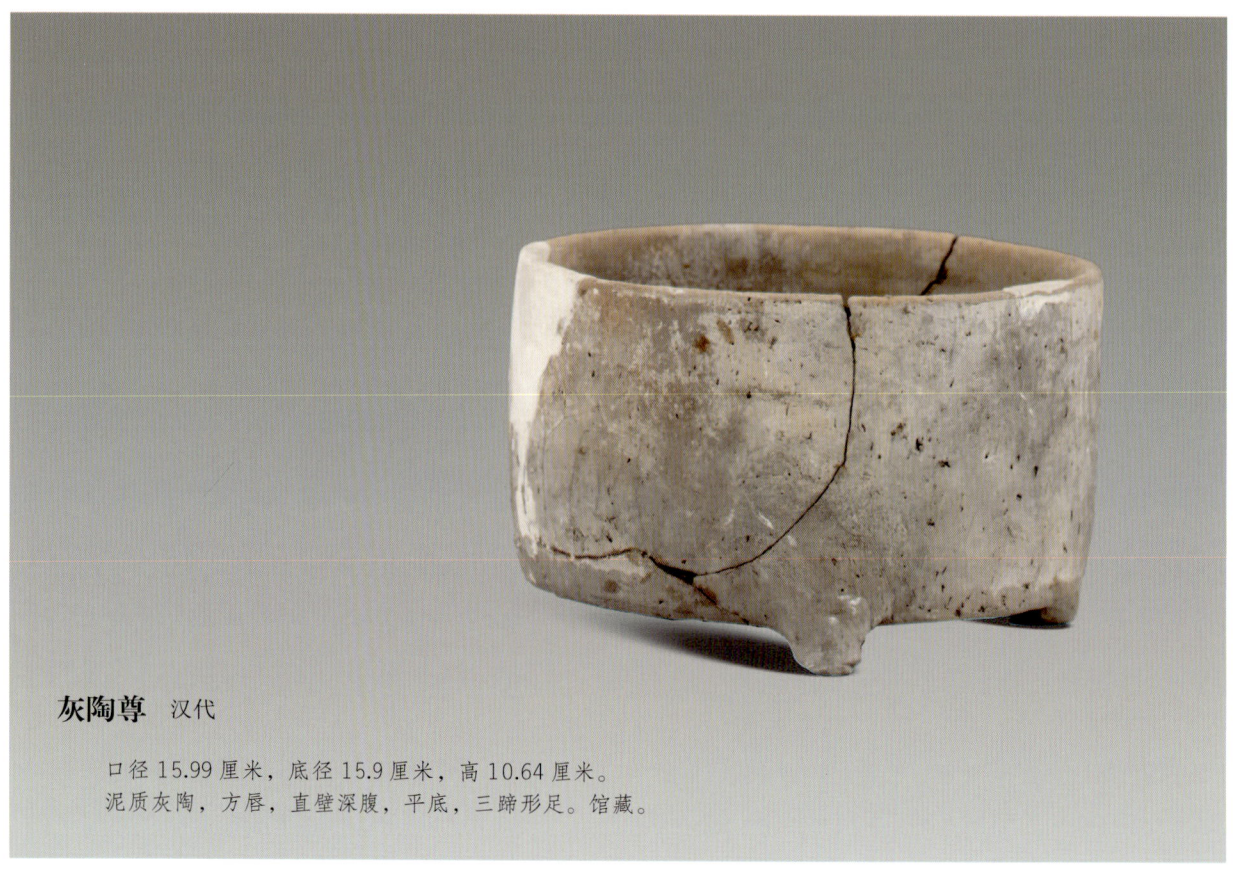

灰陶尊 汉代

口径 15.99 厘米，底径 15.9 厘米，高 10.64 厘米。泥质灰陶，方唇，直壁深腹，平底，三蹄形足。馆藏。

彩绘陶环 汉代

外径 3.81 厘米，内径 1.74 厘米，厚 0.57 厘米。浅灰陶，赭色点彩。馆藏。

瓿 汉代

底径 3.06 厘米，残高 3.58 厘米。

口沿残，溜肩，鼓腹，平底。颈下、鼓腹饰弦纹，黑色。腹上有三支钉痕。馆藏。

穿璧纹灰陶砖 汉代

长64厘米,宽27厘米,厚9.5厘米。

灰陶。一面,左饰汉阙,右饰连续几何纹。一面左饰连续菱形几何纹,右饰连续穿璧纹、中间点缀正方形几何纹。岱崮镇柳树头墓群出土。

彩绘泥塑女立俑（一） 清代

通高41厘米。

女俑头发中分，在两耳上侧盘髻，面施白粉，细腻光滑，描分梢眉，眉梢精细，直鼻小口。身穿左衽长衫至膝下，宽袖。下着长裤，露鞋，彩绘。衣边及鞋为蓝色。袖边、裤边为黑色。女俑两手交叉放在袖中，目视前方，站在底径12厘米、高3厘米的底座上。黄泥掺麦糠制作，内有玉米秸支撑，颈、背部断裂。岱崮镇东指村城隍庙夹墙内出土。

彩绘泥塑男立俑（一） 清代

通高 37 厘米。

男俑头戴黑边紫色帽子，躬身直立，身穿红色宽袖长袍，露靴，袖边及长袍底边饰黑色，两手交叉放在袖中，眉目清秀，神态如生，衣纹塑法细致流动。目视前方，站立在底径 13 厘米、高 3.7 厘米的底座上。黄泥掺麦糠制作，内有玉米秸支撑。岱崮镇东指村城隍庙夹墙内出土。

彩绘泥塑女立俑（二） 清代

通高39厘米。

女俑头发后梳盘髻，面施白粉，细腻光滑，描分梢眉，眉梢精细，直鼻小口。上着直领宽对襟衫，红底黑花。下着长裙，裙侧有红色飘带，裙下露出尖头小鞋。左臂下垂，右手弯臂持一手巾，直立前视，目光平和。站立在底径13厘米，高3.5厘米的底座上。黄泥掺麦糠制作，内有玉米秸支撑。岱崮镇东指村城隍庙夹墙内出土。

彩绘泥塑男立俑（二） 清代

残高43厘米。

男俑头戴蓝色红边帽子，面施白粉，浓眉大眼，直鼻，大耳。身穿红底蓝花左衽长衫，外穿开襟宽袖短衫，亦是红底蓝花，露靴，两手交叉放在袖中，作躬身直立状。黄泥掺麦糠制作，内有玉米秸支撑，底座残。岱崮镇东指村城隍庙夹墙内出土。

彩绘泥塑女坐俑（三） 清代

残高 36 厘米。

女俑为盘坐半身像，头顶盘三髻，身穿立领短衫，彩绘剥落，底座及双臂残，鼻子缺失。眉、眼用墨勾出，嘴唇施红色。黄泥掺麦糠制作，内有玉米秸支撑。岱崮镇东指村城隍庙夹墙内出土。

彩绘泥塑男立俑（三） 清代

通高 38.5 厘米。

男俑头戴白色蓝边瓜皮帽，长辫至腰上。身着红色长袍黑色马褂，露足。面施白粉，直鼻，嘴角上挑，眼角下垂，做笑容状。两耳缺，右臂缺失，站立在底径 10.4 厘米、高 4 厘米的圆形底座上。黄泥掺麦糠制作，内有玉米秸支撑。岱崮镇东指村城隍庙夹墙内出土。

陶瓷器

彩绘泥塑男立俑（四） 清代

通高36厘米。

男俑头戴湖蓝色帽，身着红色立领长衫，袖口施黑边，下部施蓝色斜纹，露足。面施白粉，直鼻，眉、眼用墨勾出。右耳缺，右脚、右侧立领缺失，底座残。站立在底径14.7厘米、高3.5厘米底座上。黄泥掺麦糠制作，内有玉米秸支撑。岱崮镇东指村城隍庙夹墙内出土。

米黄釉刻文瓷罐　元代

通高 26.88 厘米，口径 18.6 厘米，底径 10.93 厘米。

瓷罐造型规整，稳重大方。敛口、短颈，溜肩鼓腹，肩部饰对称云纹，圈足较矮。口沿内施米黄色釉，不均匀。罐外表大部施一层米黄色釉，肩部施釉较厚，均匀光亮。腹下部露胎，略呈浅黑色，有螺旋纹。

瓷罐外表约一半的面积刻有散曲二阕，最后一行为"山坡羊"三字，应是该曲的曲牌。全文竖写，每行字数不等，共 17 行，152 个字。字体大小不一，均 2 至 3 平方厘米，草书。由于刻时力度不均或瓷胎干度不均，个别字刻的太浅，兼之刻后挂釉涂遮，有的笔画模糊，其中有 9 个文字难以辨认。其原文如下：

"猛听得情人呼唤，小妹妹不得方便。你敲得窗棂儿连哱（声）响，崄（险）些儿不着爹娘瞧见。谭得我站立在门前。亲亲不知在那边，叫一哱（声）心肝肉儿，谭得奴浑身汗，告哥：你且还家也，小妹妹不得回转。听言，好夫妻不得团圆。

猛听的情人偷叫，崄（险）些儿不着爹娘知道，又只怕有人瞧。告哥哥，你且还家也，小妹妹自有方料。心焦，百般的不得□□，听着，□一世不把□□□，难敖（熬），把奴的青春□□□。山坡羊"。

蒙阴街道南官庄村出土。

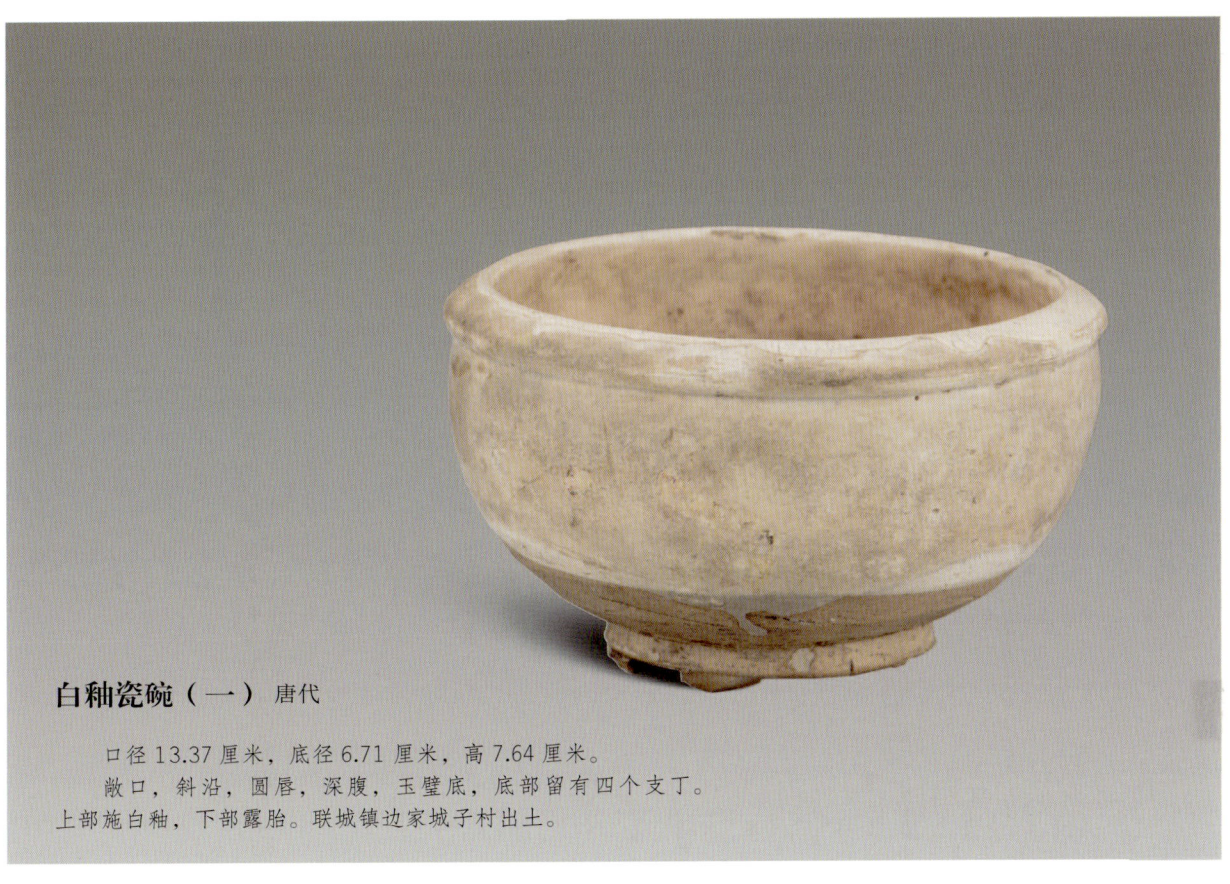

白釉瓷碗（一） 唐代

口径 13.37 厘米，底径 6.71 厘米，高 7.64 厘米。

敞口，斜沿，圆唇，深腹，玉璧底，底部留有四个支丁。上部施白釉，下部露胎。联城镇边家城子村出土。

白釉瓷碗（二） 宋代

口径 12.88 厘米，底径 5.68 厘米，高 4.15 厘米。

薄胎，敞口，弧腹，圈足。内施满釉，外侧釉不及底。碗底内部有三角支架烧制痕迹。馆藏。

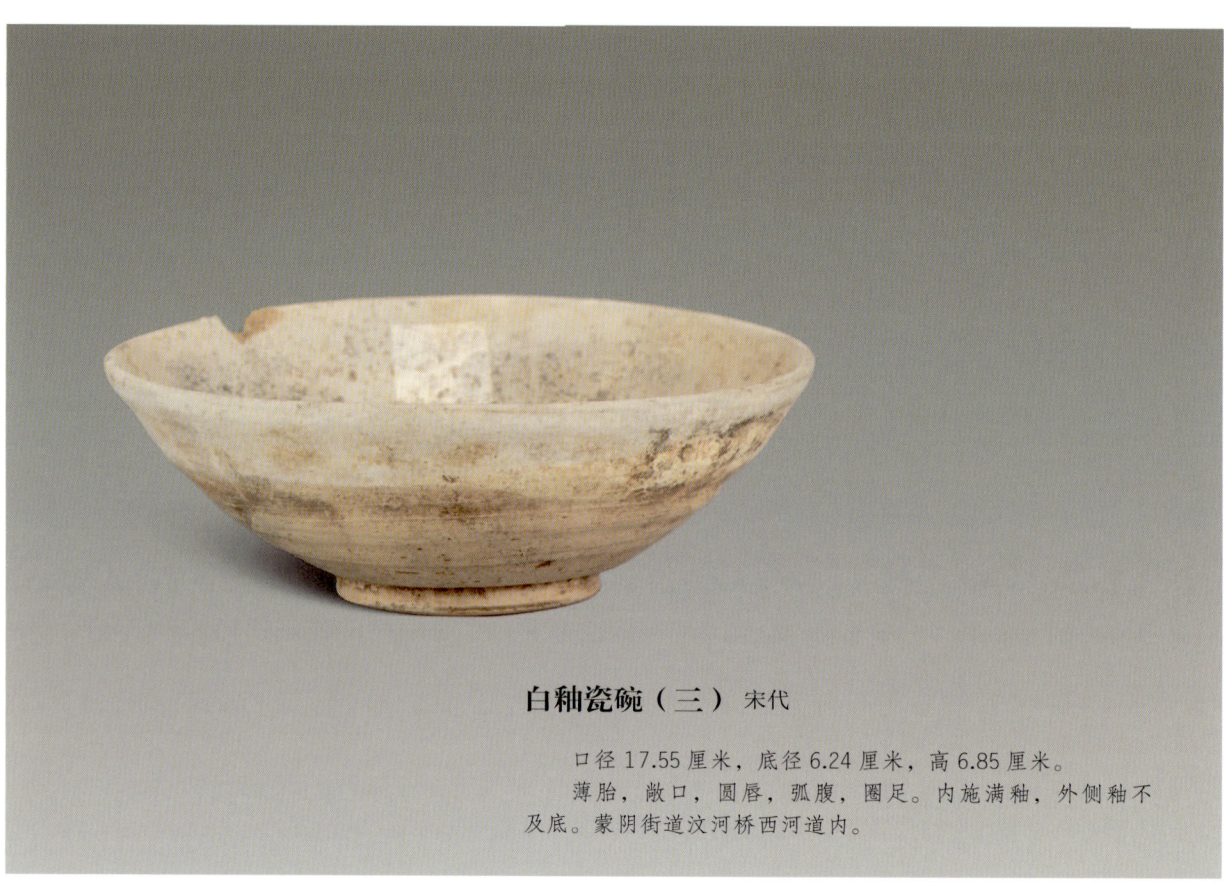

白釉瓷碗（三） 宋代

口径 17.55 厘米，底径 6.24 厘米，高 6.85 厘米。
薄胎，敞口，圆唇，弧腹，圈足。内施满釉，外侧釉不及底。蒙阴街道汶河桥西河道内。

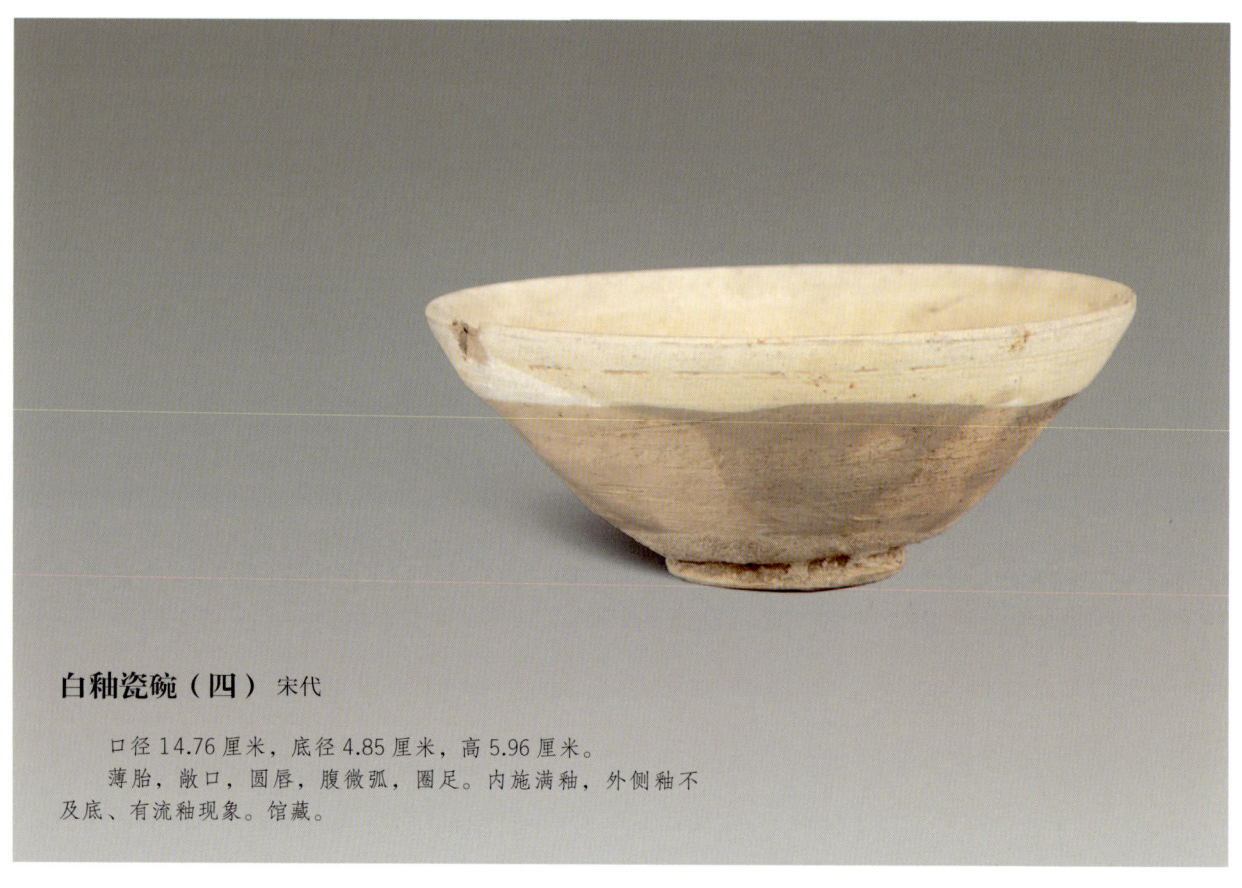

白釉瓷碗（四） 宋代

口径 14.76 厘米，底径 4.85 厘米，高 5.96 厘米。
薄胎，敞口，圆唇，腹微弧，圈足。内施满釉，外侧釉不及底、有流釉现象。馆藏。

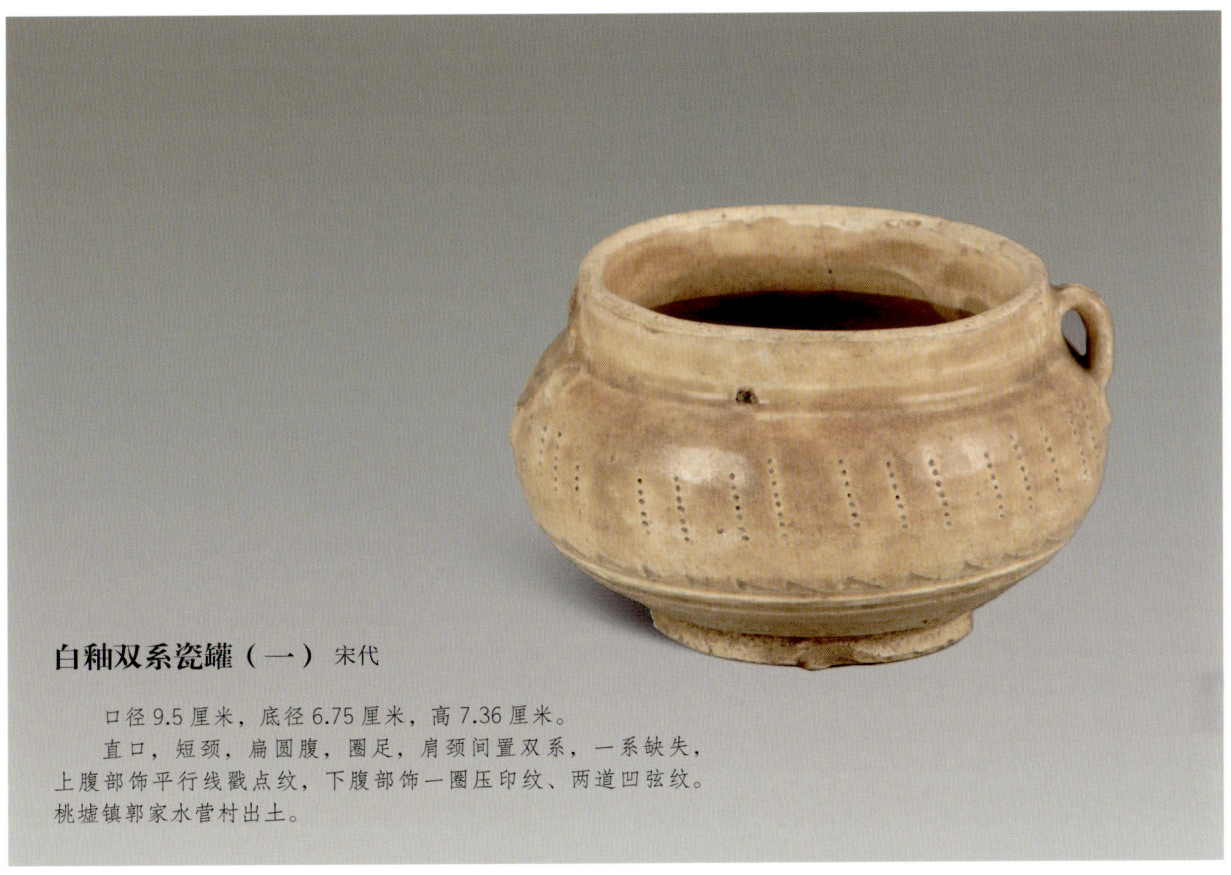

白釉双系瓷罐（一） 宋代

口径9.5厘米，底径6.75厘米，高7.36厘米。

直口，短颈，扁圆腹，圈足，肩颈间置双系，一系缺失，上腹部饰平行线戳点纹，下腹部饰一圈压印纹、两道凹弦纹。桃墟镇郭家水营村出土。

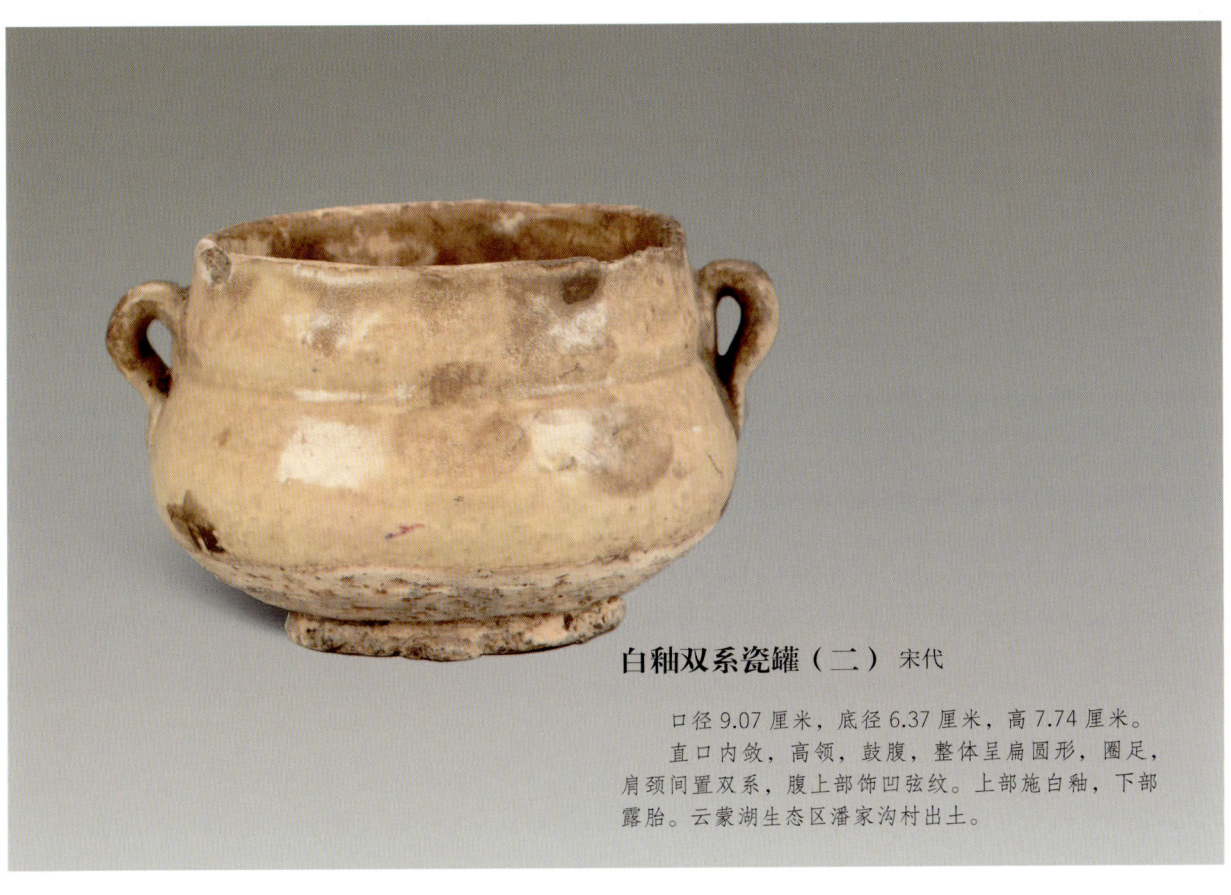

白釉双系瓷罐（二） 宋代

口径9.07厘米，底径6.37厘米，高7.74厘米。

直口内敛，高领，鼓腹，整体呈扁圆形，圈足，肩颈间置双系，腹上部饰凹弦纹。上部施白釉，下部露胎。云蒙湖生态区潘家沟村出土。

酱釉双系瓷罐（一） 宋代

口径 9.26 厘米，底径 6.29 厘米，高 10.6 厘米。
圆唇，直口，高直领，丰肩，肩颈间置双条形竖系，鼓腹，高圈足。圈足未施釉，露胎，有流釉现象。馆藏。

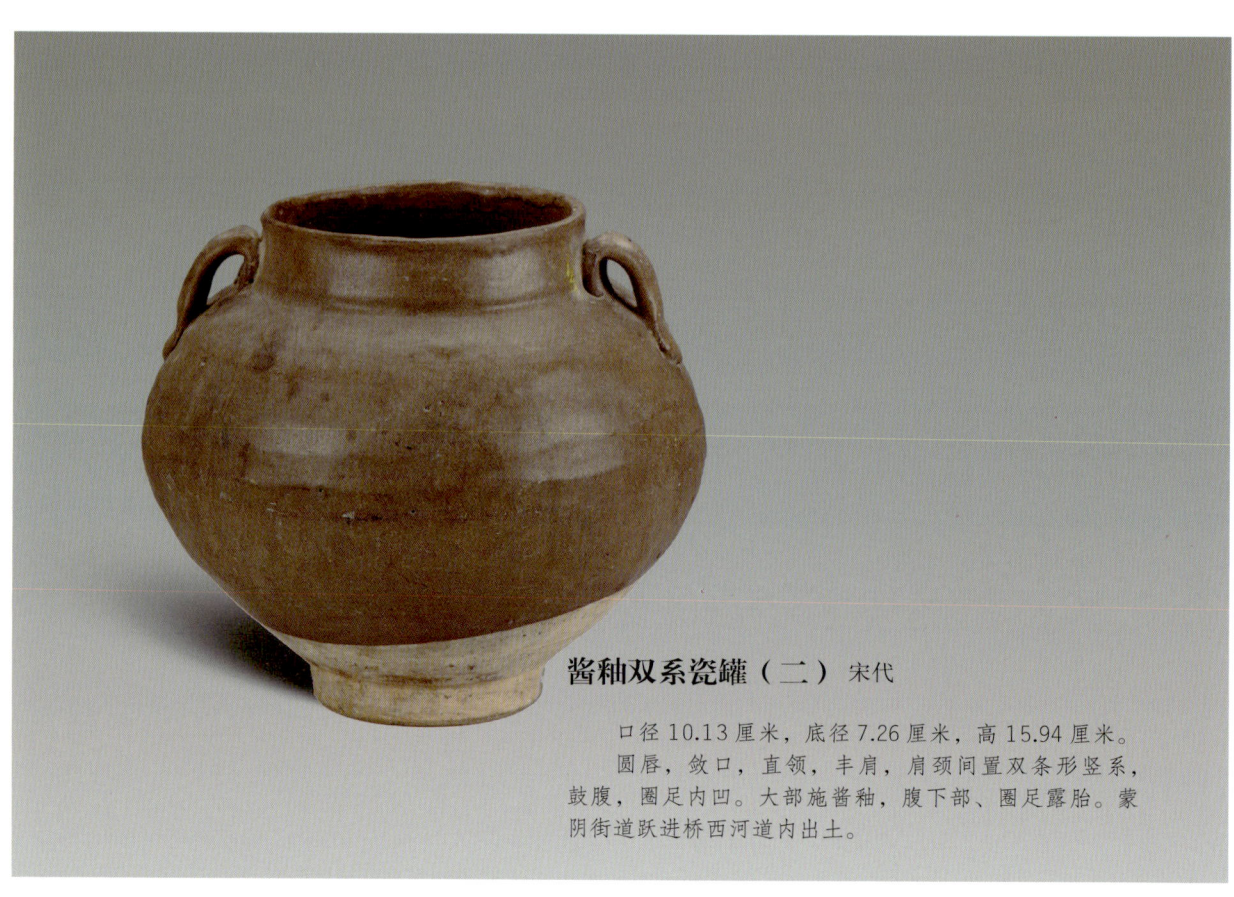

酱釉双系瓷罐（二） 宋代

口径 10.13 厘米，底径 7.26 厘米，高 15.94 厘米。
圆唇，敛口，直领，丰肩，肩颈间置双条形竖系，鼓腹，圈足内凹。大部施酱釉，腹下部、圈足露胎。蒙阴街道跃进桥西河道内出土。

褐釉四系瓶 宋代

　　口径 7.64 厘米，底径 8.56 厘米，高 25.22 厘米。
　　直口，短颈，溜肩，椭圆形腹，小平底内凹。肩颈间四系缺失。上腹部施褐釉，釉下饰白色化妆土，下腹露胎。联城镇吕家庄遗址出土。

白釉四系瓶（一） 宋代

口径5.13厘米，底径6.53厘米，高33.52厘米。

直口，卷边圆唇，长颈，颈部有四叶形系，深腹，椭圆形，平底内凹。肩以上施白釉，有流釉现象，肩以下露胎，呈红褐色。常路镇北围子村出土。

白釉四系瓶（二）宋代

口径 6.78 厘米，底径 7.12 厘米，高 28.88 厘米。

直口，卷边圆唇，长颈，颈部叶形系缺失三个，深腹，椭圆形，平底内凹。肩以上施白釉，肩以下露胎，呈红褐色。常路镇北围子村出土。

蒙阴文物

白釉瓷瓶 宋代

口径 5.3 厘米，底径 9.98 厘米，高 32.68 厘米。

小口，短颈，溜肩，椭圆腹，圈足内凹，通体施白釉。肩部、腹部饰凹弦纹。馆藏。

青釉瓷瓶 宋代

口径5.5厘米，底径6厘米，高14.11厘米。

蒜头形口，短颈，溜肩，鼓腹，平底。上部施青釉，下部露胎。馆藏。

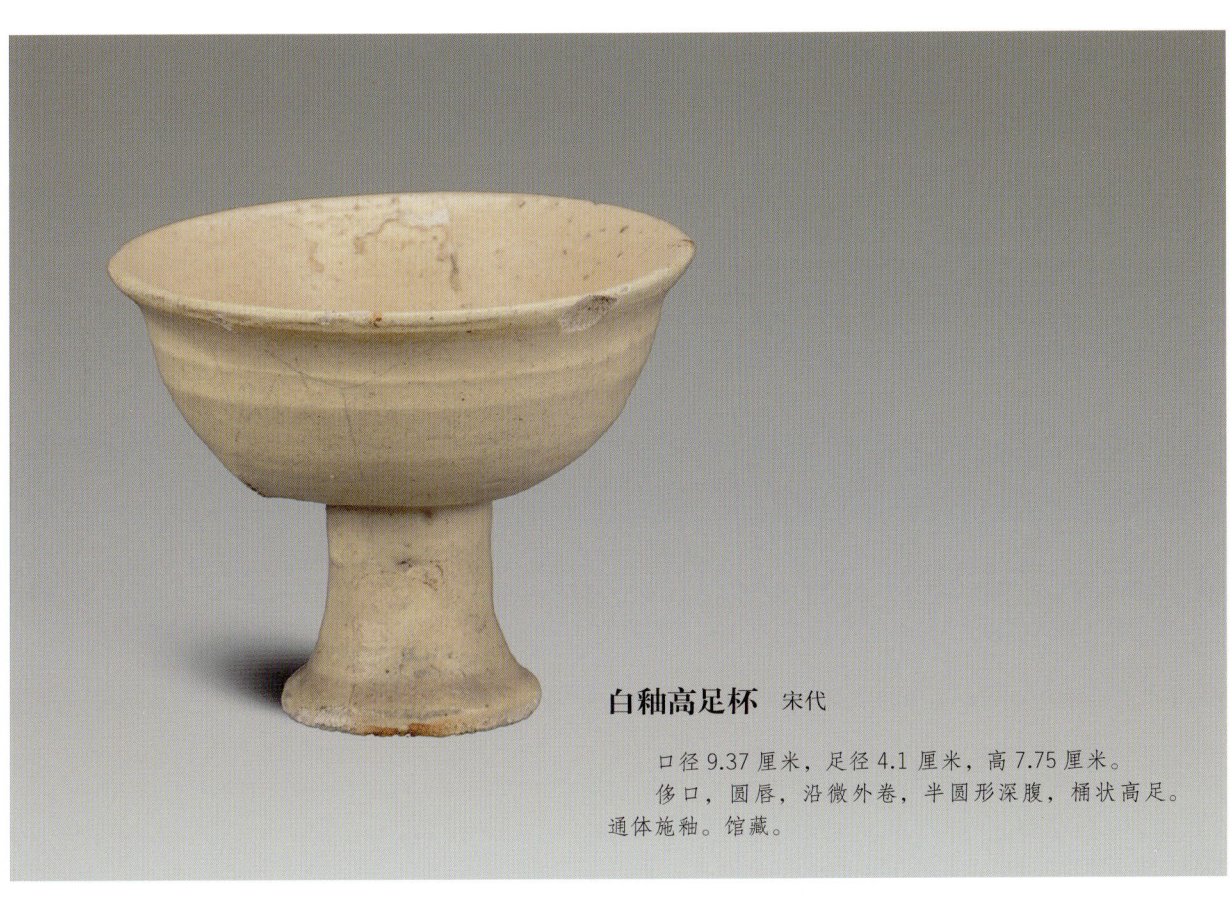

白釉高足杯 宋代

口径9.37厘米，足径4.1厘米，高7.75厘米。

侈口，圆唇，沿微外卷，半圆形深腹，桶状高足。通体施釉。馆藏。

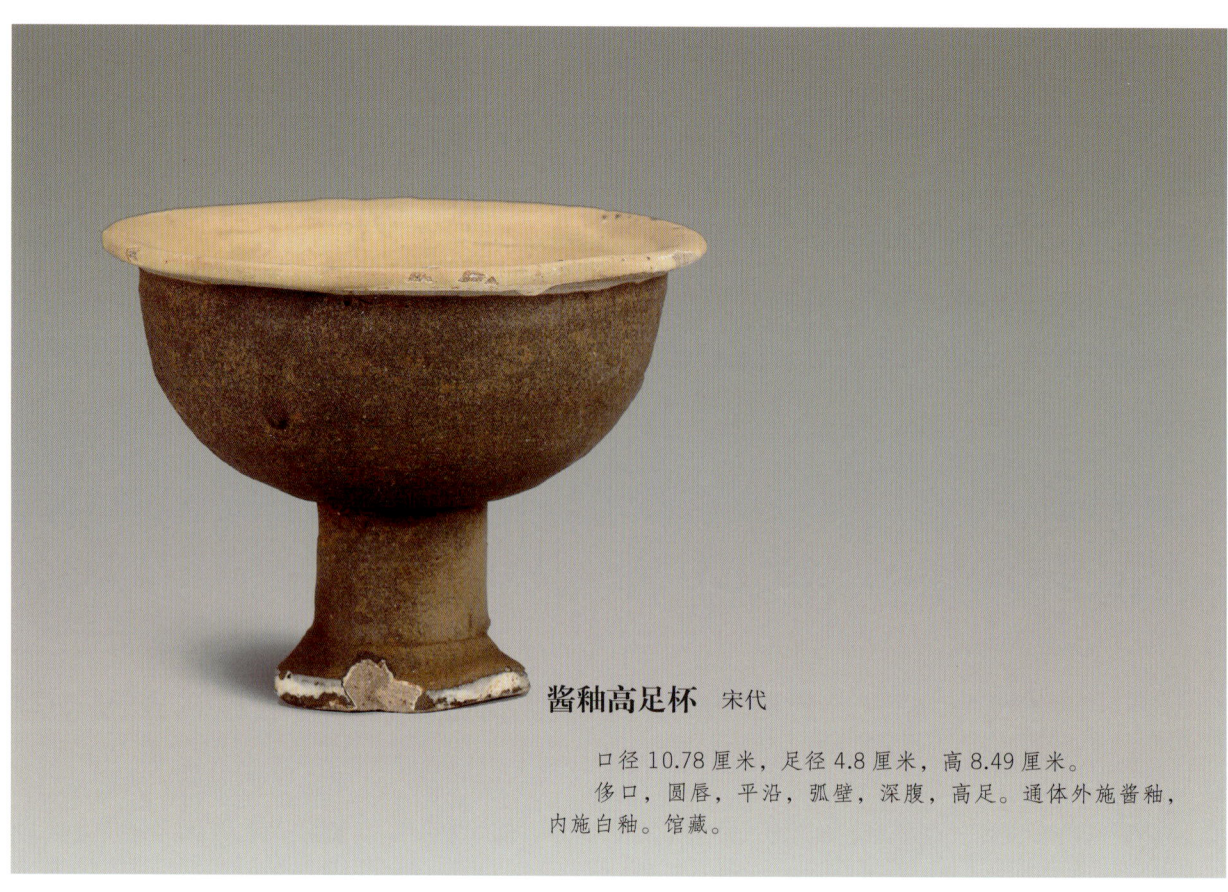

酱釉高足杯 宋代

口径 10.78 厘米，足径 4.8 厘米，高 8.49 厘米。
侈口，圆唇，平沿，弧壁，深腹，高足。通体外施酱釉，内施白釉。馆藏。

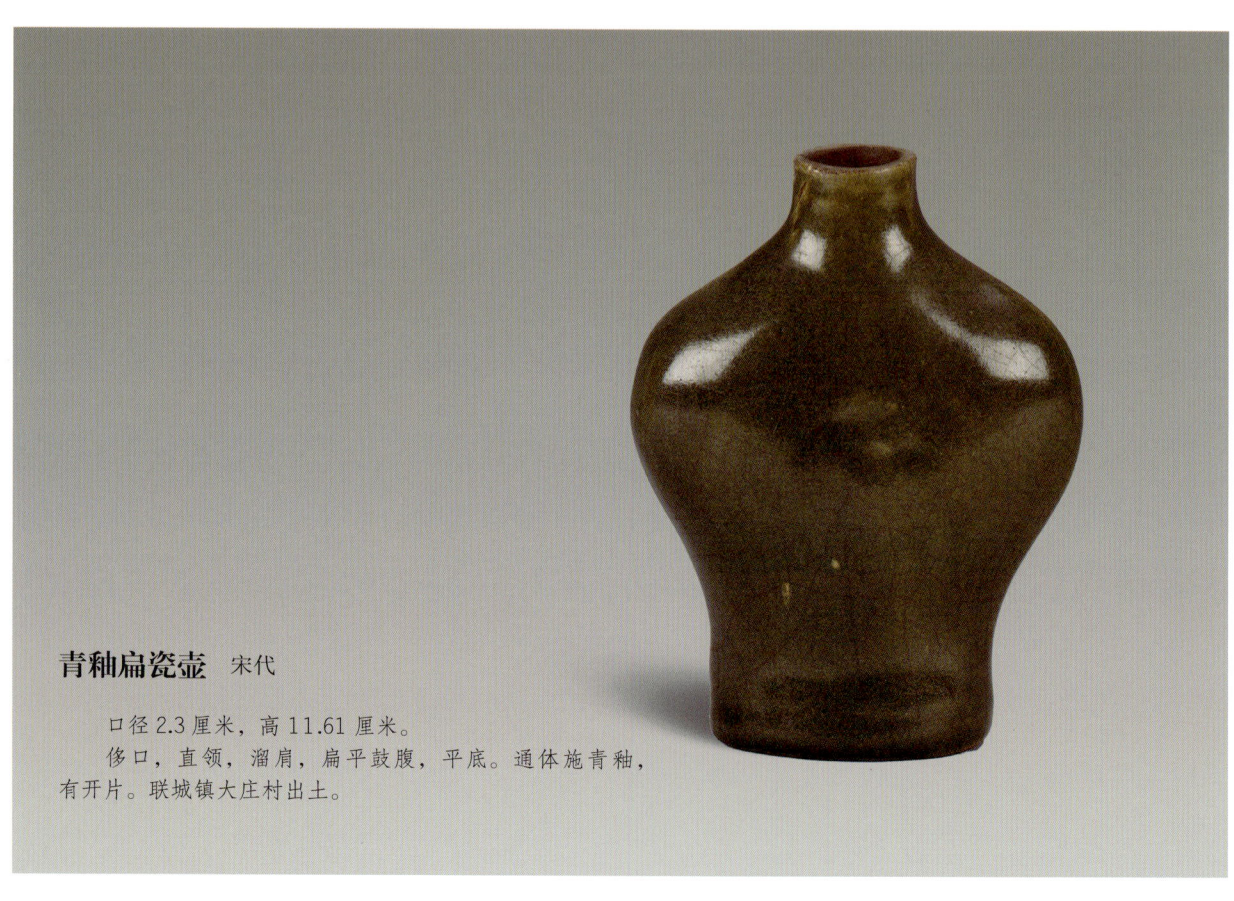

青釉扁瓷壶 宋代

口径 2.3 厘米，高 11.61 厘米。
侈口，直领，溜肩，扁平鼓腹，平底。通体施青釉，有开片。联城镇大庄村出土。

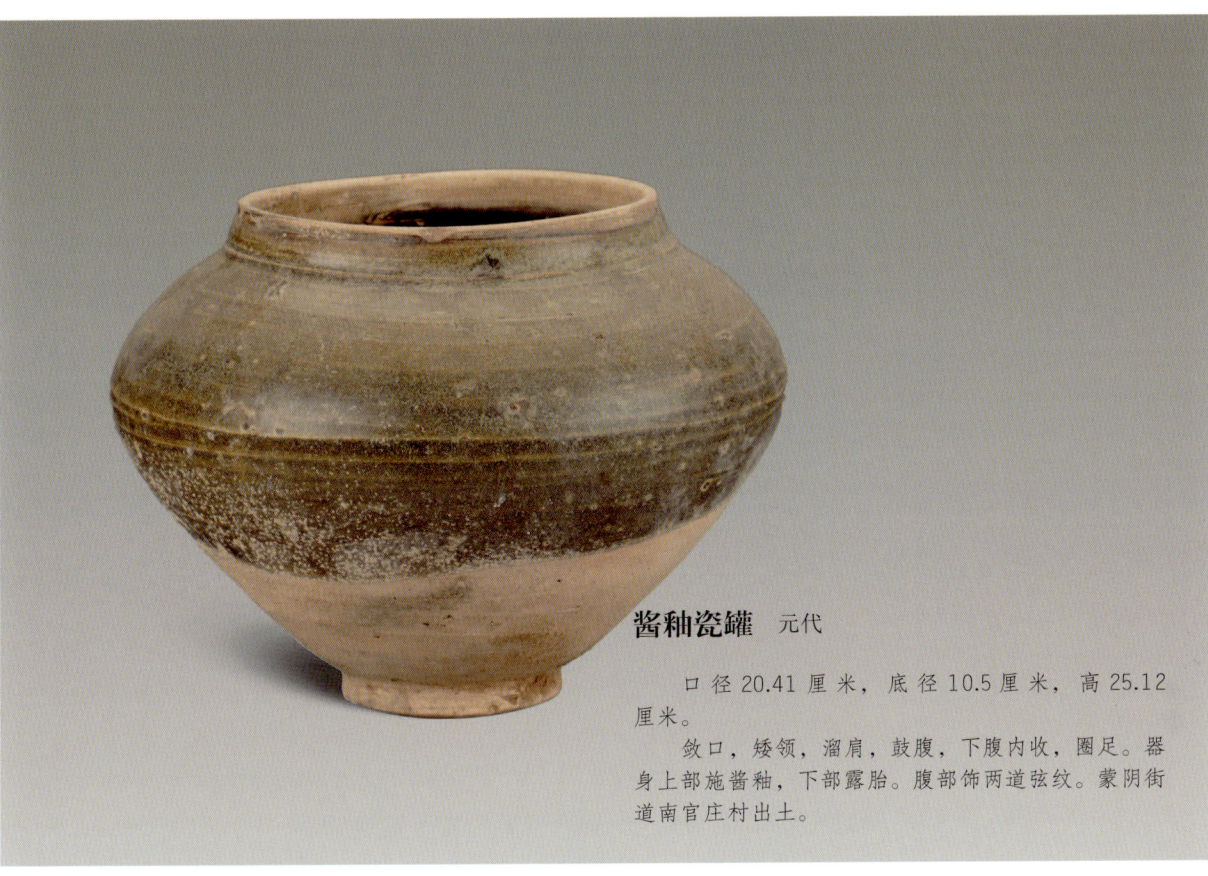

酱釉瓷罐 元代

口径20.41厘米，底径10.5厘米，高25.12厘米。

敛口，矮领，溜肩，鼓腹，下腹内收，圈足。器身上部施酱釉，下部露胎。腹部饰两道弦纹。蒙阴街道南官庄村出土。

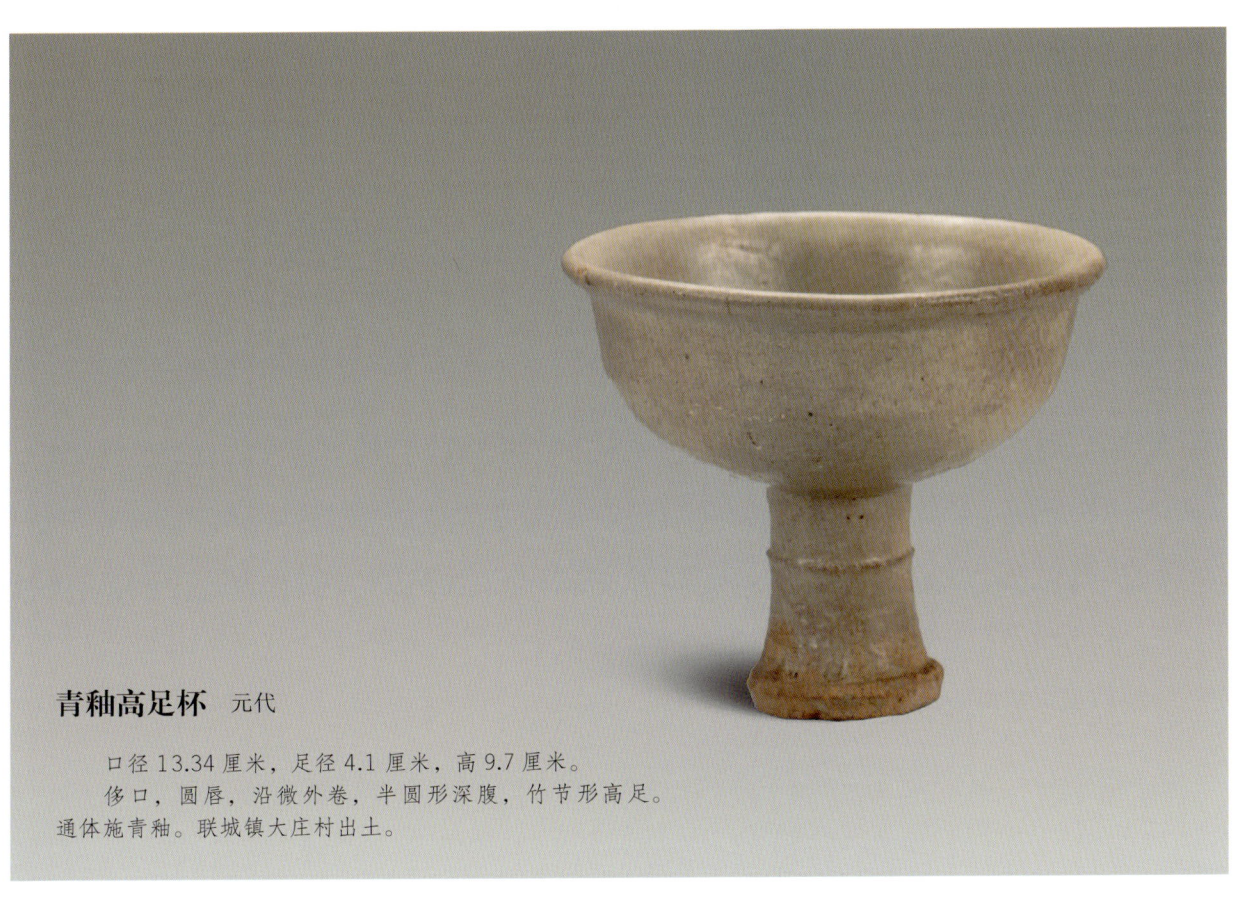

青釉高足杯 元代

口径13.34厘米，足径4.1厘米，高9.7厘米。

侈口，圆唇，沿微外卷，半圆形深腹，竹节形高足。通体施青釉。联城镇大庄村出土。

蒙阴文物

白地黑花四系瓶 元代

口径 5 厘米，底径 8.36 厘米，高 12.32 厘米。

侈口，圆唇，细颈，溜肩，肩颈间置四系，椭圆腹，圈足内凹。上部施白釉，下部施黑釉。肩部饰黑花。馆藏。

黑白釉四系瓶 元代

　　口径 4.91 厘米，底径 7.51 厘米，高 25.13 厘米。
　　直口，卷边圆唇，外撇。直颈，颈部有四叶形系。溜肩，直腹，瓶身修长，内圈足。口沿、腹下部、底施黑色釉，腹上部、颈、系施白釉。云蒙湖生态区小旺庄村出土。

蒙阴文物

白地黑花玉壶春瓶 元代

口径 7.11 厘米，底径 7.74 厘米，高 20.81 厘米。
盘状口，细颈，溜肩，圆腹，圈足内凹。上部施白釉，下部露胎。上腹饰折枝花、弦纹等。馆藏。

陶瓷器

酱釉玉壶春瓶 明代

底径 8.34 厘米，高 23.6 厘米。

喇叭口，细颈，溜肩，垂腹，圈足。器身上半部施酱釉，下部近底处露胎。馆藏。

褐釉阴刻花玉壶春瓶 明代

口径5.43厘米，底径5.74厘米，高14.02厘米。

喇叭口，细颈，溜肩，圆腹，圈足内凹，上部阴刻缠枝花纹，施褐釉，下部施黑釉。馆藏。

褐釉玉壶春瓶（一） 明代

底径 7.74 厘米，高 21.09 厘米。

喇叭口，细颈，溜肩，垂腹，圈足内凹。器身上半部施褐釉，有流釉现象，呈条状流淌至圈足，下部至近底处露胎。馆藏。

蒙阴文物

褐釉玉壶春瓶（二） 明代

口径 6.5 厘米，底径 6.52 厘米，高 21.74 厘米。
喇叭口，细颈，溜肩，垂腹，圈足。器身大部施釉，下部及圈足露胎。蒙阴街道汶河桥西河道内。

褐釉玉壶春瓶（三） 明代

底径 7.74 厘米，残高 20.9 厘米。

喇叭口，细颈，溜肩，垂腹，圈足。器身上半部施褐釉，下部近底处露胎。馆藏。

褐釉玉壶春瓶（四） 明代

口径 7 厘米，底径 6.81 厘米，高 22.26 厘米。

喇叭口，细颈，溜肩，垂腹，圈足。肩部饰两道弦纹，腹上部饰折枝花纹。器身上半部施褐釉，有流釉现象，呈条状流淌至圈足，下部至近底处露胎。馆藏。

酱釉四系罐 明代

口径 9.75 厘米，底径 9.34 厘米，高 34.93 厘米。

圆唇，敛口，长颈，溜肩，鼓腹，平底，肩颈间施四系。上部施酱釉，下部露胎。馆藏。

黑白釉四系瓷罐 明代

口径 9.76 厘米，底径 7.38 厘米，高 15.7 厘米。

敛口，溜肩，深腹，圈足，肩领之间置四系，腹偏上饰两圈凸弦纹。上腹部施黑釉，釉下施化妆土，下腹部露胎。馆藏。

青釉瓷碗 明代

口径 15.9 厘米，底径 5.44 厘米，高 7.86 厘米。

侈口，圆唇，沿外卷，深弧腹，玉璧底，圈足内凹，通体施釉。馆藏。

黑釉粉彩五老孩童太极图瓷瓶 清代

口径 10.34 厘米，底径 10.85 厘米，高 33.93 厘米。

圆唇，喇叭口，细颈，折肩，斜直腹，呈桶状，平底。颈、肩部饰红色祥云，菱形，菱形内饰卍。腹部饰五位老人、一名童子在观看太极图。馆藏。

重环纹双立耳铜鼎 西周

通高 24.7 厘米，口径 25.14 厘米。

敛口，方唇，平折沿，方形立耳，圆腹，圜底，三蹄足，耳外饰两凹弦纹，腹上部饰重环纹。坦埠镇诸夏村出土。

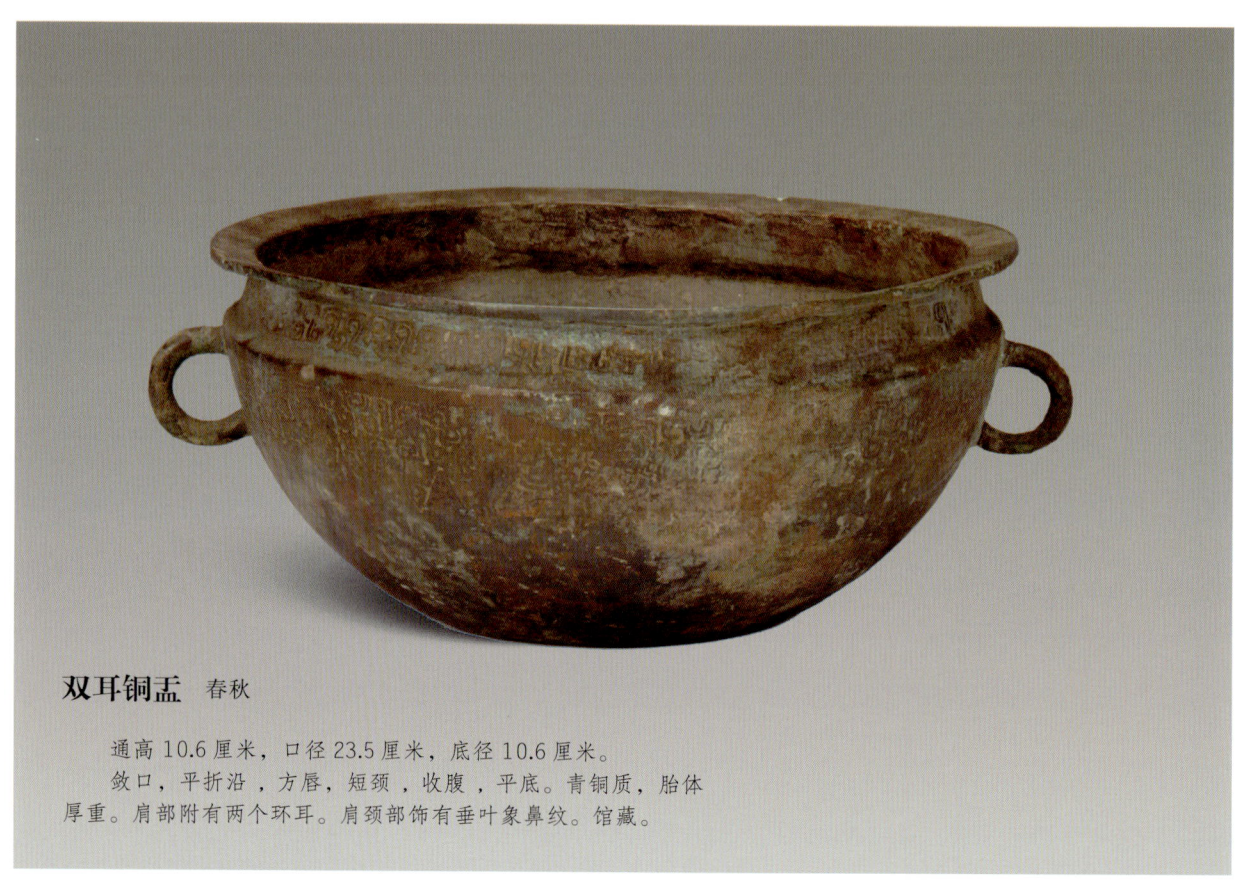

双耳铜盂 春秋

通高 10.6 厘米,口径 23.5 厘米,底径 10.6 厘米。

敛口,平折沿,方唇,短颈,收腹,平底。青铜质,胎体厚重。肩部附有两个环耳。肩颈部饰有垂叶象鼻纹。馆藏。

蟠螭纹铜鬲 春秋

通高 15.1 厘米，口径 16.7 厘米。

敛口，方唇，宽平沿外折，束颈，腹微鼓，三足中空，柱状足尖，腹上部施一圈蟠螭纹。常路镇石峰岭村出土。

蒙阴文物

铜舟 春秋

通高 7.29 厘米，长径 13.1 厘米，短径 11.16 厘米。

器体呈圆角长方形。圆唇，侈口，折沿，束颈，鼓腹，小平底，腹饰窃曲纹、一侧有一环耳。岱崮镇东指村出土。

鳞纹铜匏壶 战国

通高 36.53 厘米。

形似匏,颈曲向一侧。椭圆形壶口,长径 7.26 厘米,短径 6.68 厘米。无盖,通体饰鳞纹。平底,长径 9.29 厘米,短径 8.82 厘米。颈下部与腹下部在内弯处铸有链状把手。壶身有一道凸起的铸缝,从铸缝看,铜匏壶应为三部分分别铸造,然后铸接在一起。馆藏。

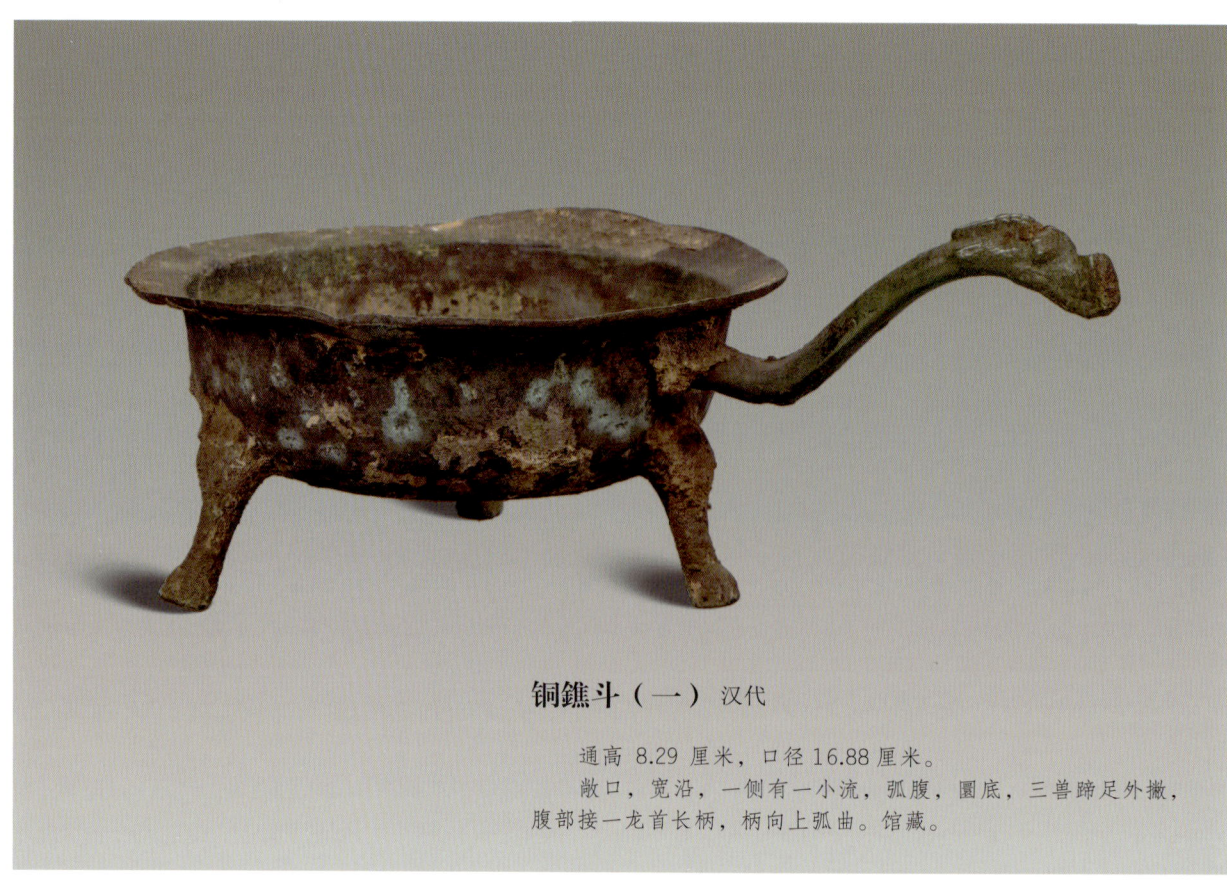

铜鐎斗（一） 汉代

通高 8.29 厘米，口径 16.88 厘米。

敞口，宽沿，一侧有一小流，弧腹，圜底，三兽蹄足外撇，腹部接一龙首长柄，柄向上弧曲。馆藏。

铜鐎斗（二） 唐代

通高 11.64 厘米，口径 13.96 厘米。

敞口，宽沿，一侧有一长流，弧腹，平底，三足外撇，腹部接一长直柄，柄首带穿、呈斧钺状。馆藏。

铜斧 春秋

通长 12.57 厘米。
长方形直銎，直刃微弧，銎上有孔。常路镇石峰峪村出土。

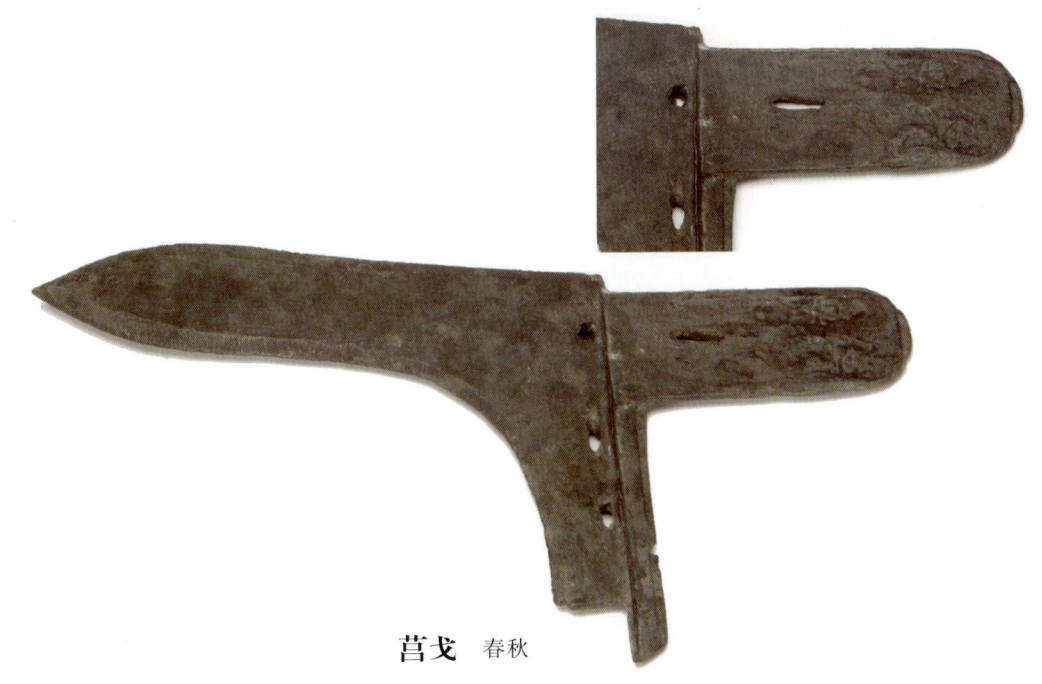

莒戈 春秋

通长 22.03 厘米，援长 14.24 厘米，内长 7.79 厘米。
长援，脊偏上，横截面呈扁纺锤形。胡较长，下端平直，阑侧有三穿，呈不规则椭圆形。长内，后端圆弧，上部有一长方形穿，下部有铭文"莒戈"。馆藏。

铜戈（一） 春秋

通长 19.24 厘米，援长 11.69 厘米，内长 7.55 厘米。
援短宽，扁平无脊，横截面呈扁纺锤形。中胡三穿，下端圆弧，长方形内，后端略弧，上有一长方形穿。馆藏。

铜戈（二） 春秋

通长 16.91 厘米，援长 10.47 厘米，内长 6.44 厘米。
援较短，上刃平直，中部隆起，横截面呈扁纺锤形。胡较长，下端平直，阑侧有三穿，上为圆形，下两穿为长方形。内大致呈长方形，尾端弧折，中部有一穿。馆藏。

铜戈（三） 战国

通长 26.7 厘米，援长 16.61 厘米，内长 10.09 厘米。
援窄长，上扬，尖长锋，无脊，长胡，下端平直，阑侧有三穿。内窄长，下侧有刃，有一长条形穿。馆藏。

铜戈（四） 战国

通长 25.5 厘米，援长 16.22 厘米，内长 9.28 厘米。
援窄长，上扬，尖长锋，无脊，中胡三穿，下端平直。内窄长，下侧有刃，有一长条形穿。馆藏。

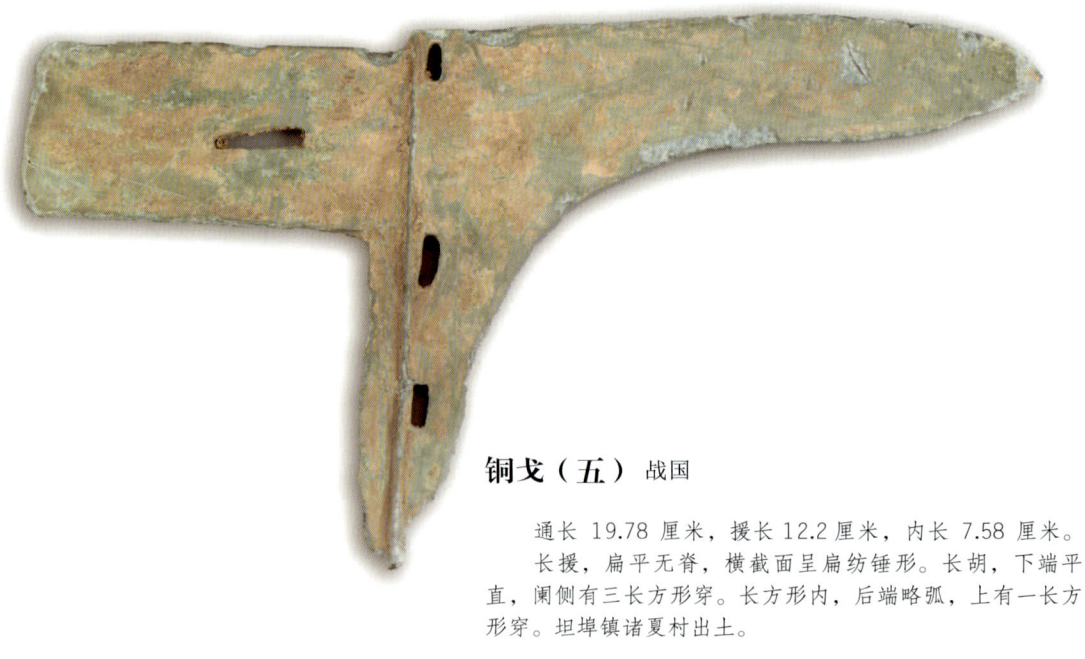

铜戈（五） 战国

通长 19.78 厘米，援长 12.2 厘米，内长 7.58 厘米。
长援，扁平无脊，横截面呈扁纺锤形。长胡，下端平直，阑侧有三长方形穿。长方形内，后端略弧，上有一长方形穿。坦埠镇诸夏村出土。

铜戈（六） 战国

通长 21.14 厘米，援长 12.81 厘米，内长 8.33 厘米。
援窄长，上扬，尖长锋，无脊，长胡，下端圆弧，阑侧有三穿。内窄长，下侧平直，有一长条形穿。馆藏。

左徒戈 战国

通长 24.19 厘米，援长 14.39 厘米，内长 9.8 厘米。

直内，窄长，有一长方形穿，尾部残。长胡，下端平直。阑侧有三穿。长援，窄长，锋残。援两侧有刃，上刃微弧，下刃在援末和胡相接处呈直线形。脊偏上，援两侧有崩痕，内穿后有铭文"元阿左造徒戈"。高都镇唐家峪村出土。

铜戈镦（一） 战国

残长 12.58 厘米。

筒形，上粗下细，銎口呈卵圆形，下部呈八棱体形。中上部有一宽箍，中下部有对称钉孔，底部残。馆藏。

铜戈镦（二） 战国

通长10.81厘米。

筒形，上粗下细，銎口呈卵圆形，下部呈八棱体形。中上部有一宽箍，箍一侧有突起，箍下有对称钉孔。平底，呈马蹄形。馆藏。

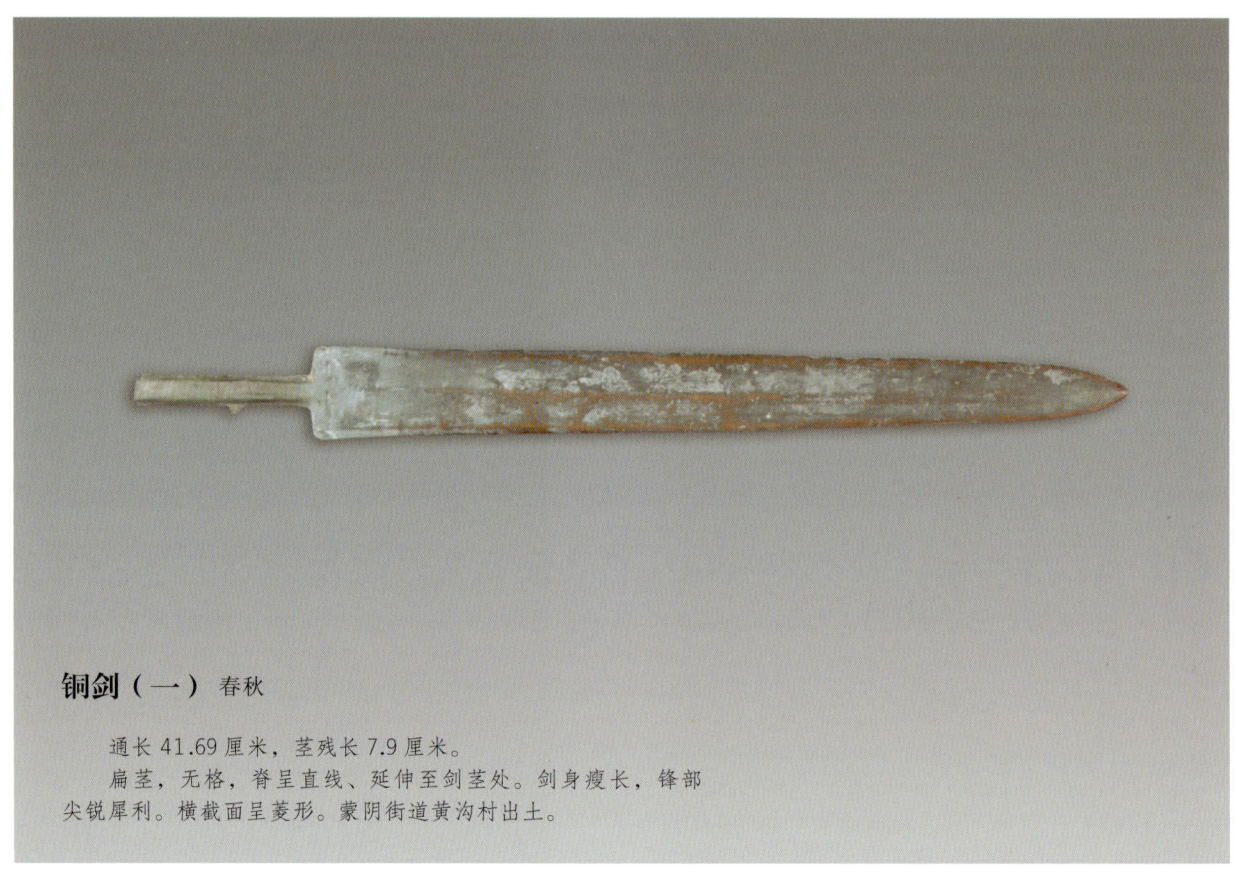

铜剑（一） 春秋

通长41.69厘米，茎残长7.9厘米。

扁茎，无格，脊呈直线、延伸至剑茎处。剑身瘦长，锋部尖锐犀利。横截面呈菱形。蒙阴街道黄沟村出土。

铜剑（二） 战国

通长 49.22 厘米，茎长 8.92 厘米。

圆首，圆茎，茎有双箍，厚格较窄，线形脊，横截面呈菱形。馆藏。

铜剑（三） 战国

残长 27.82 厘米。

圆茎，菱形格，平脊，脊上饰鳞纹，横截面呈六边形。联城镇吕家庄遗址出土。

铜剑（四） 战国

通长 44.31 厘米，茎长 8.65 厘米。

圆首，圆茎，茎有双箍，厚格作倒凹字形。剑身瘦长，中间起脊至锋，刃锋利，横截面呈菱形。垛庄镇横山村出土。

铜剑（五）战国

通长 39.25 厘米，茎长 7.8 厘米。

圆首，圆茎，茎有双箍，厚格作倒凹字形，较窄，线形脊，横截面呈菱形。垛庄镇上峪村出土。

铜剑（六）战国

通长 41.4 厘米，茎长 8.06 厘米。

圆首，圆茎，茎有双箍，厚格较窄，线形脊，横截面呈菱形。馆藏。

铜剑（七） 战国

通长 43.09 厘米，茎长 8.25 厘米。

圆首，圆茎，茎有双箍，厚格较窄，线形脊，横截面呈菱形。桃墟镇安子庄出土。

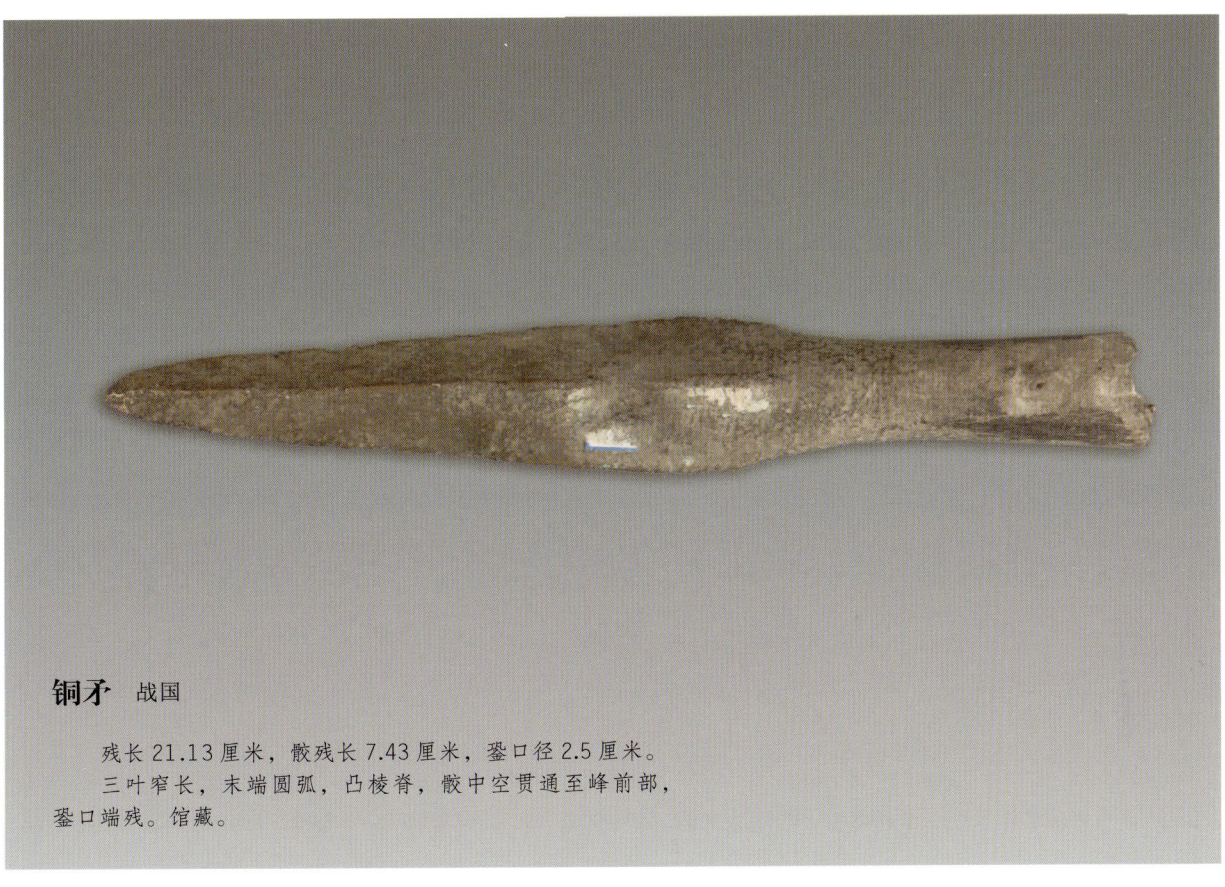

铜矛 战国

残长 21.13 厘米，骹残长 7.43 厘米，銎口径 2.5 厘米。

三叶窄长，末端圆弧，凸棱脊，骹中空贯通至锋前部，銎口端残。馆藏。

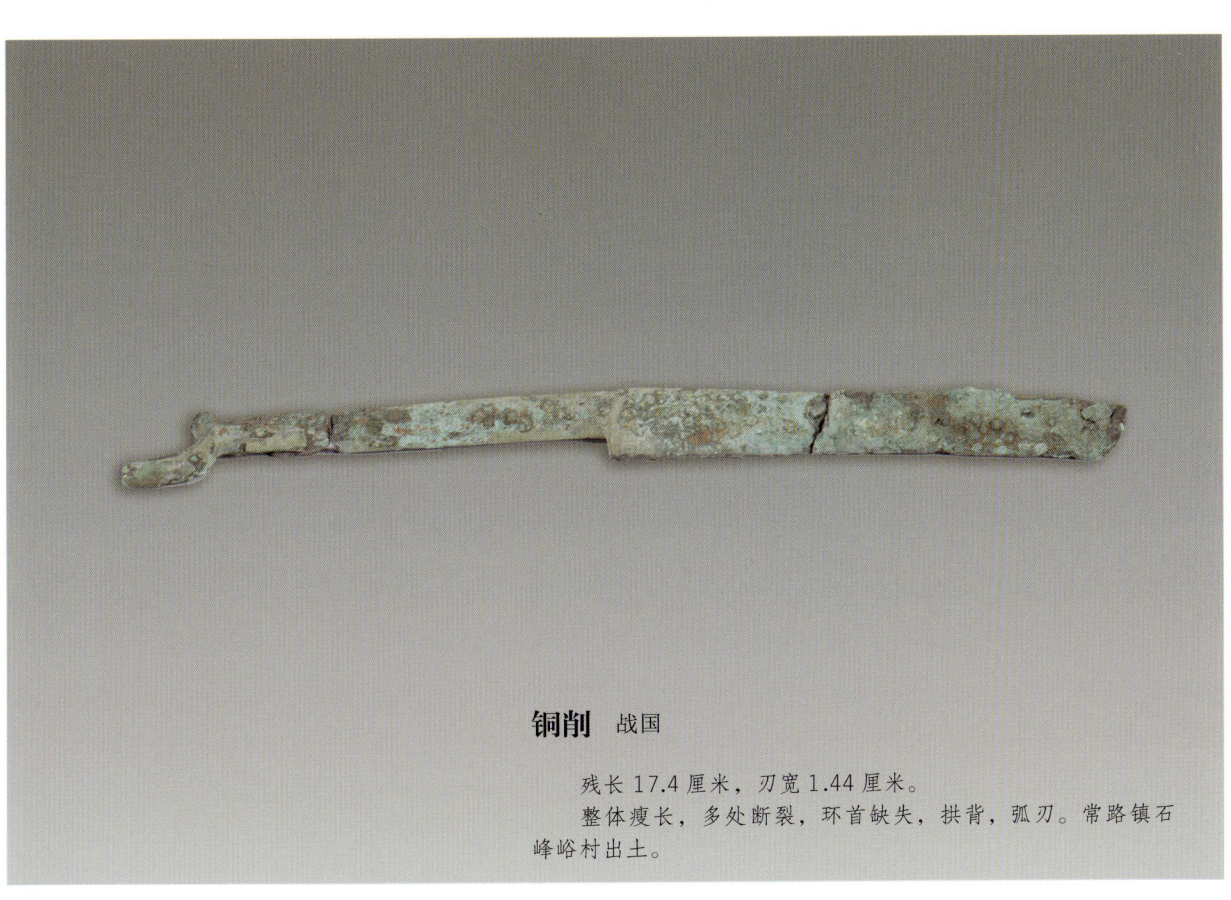

铜削 战国

残长 17.4 厘米，刃宽 1.44 厘米。

整体瘦长，多处断裂，环首缺失，拱背，弧刃。常路镇石峰岭村出土。

铜镞 战国

残长 3.55 厘米。

镞身较宽,断面呈三角形,三棱,铤大部缺失。联城镇吕家庄遗址出土。

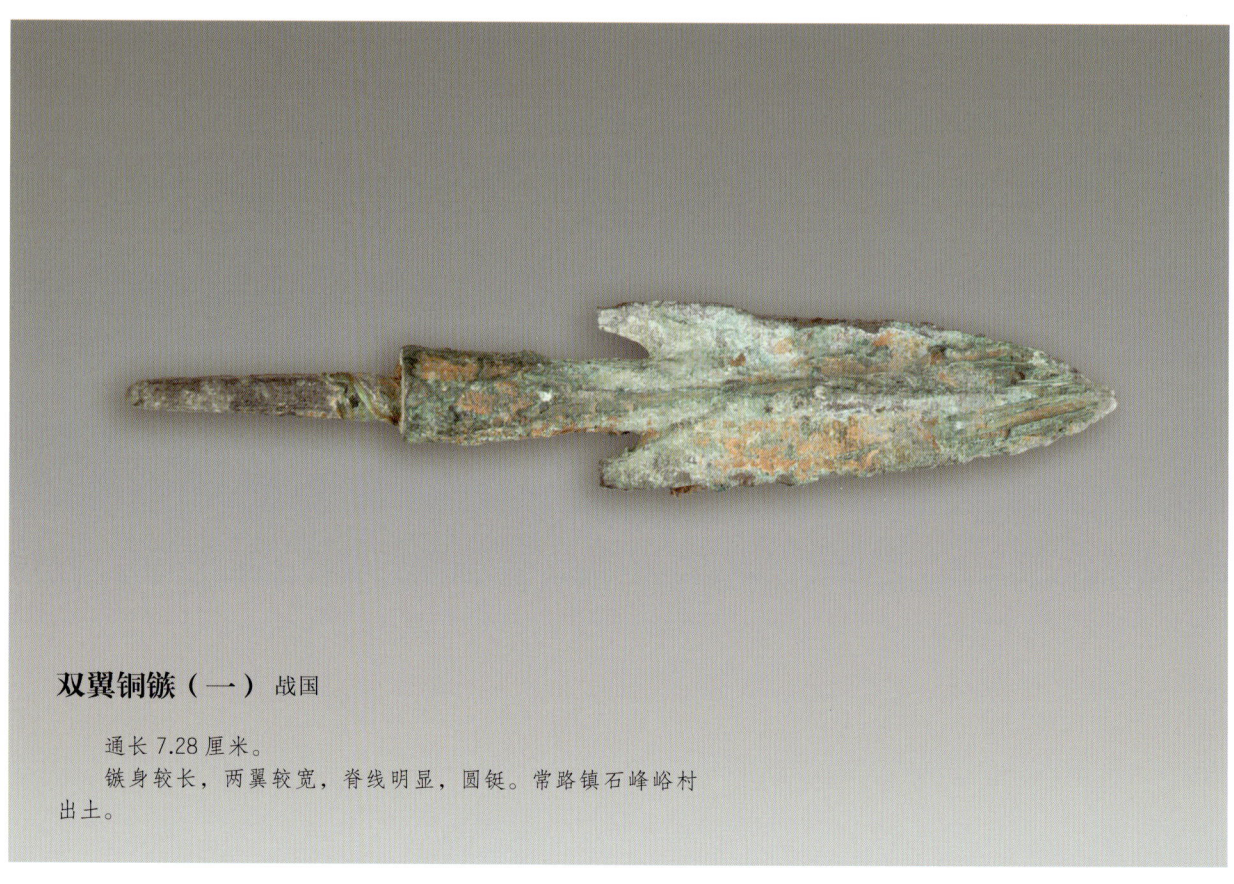

双翼铜镞(一) 战国

通长 7.28 厘米。

镞身较长,两翼较宽,脊线明显,圆铤。常路镇石峰峪村出土。

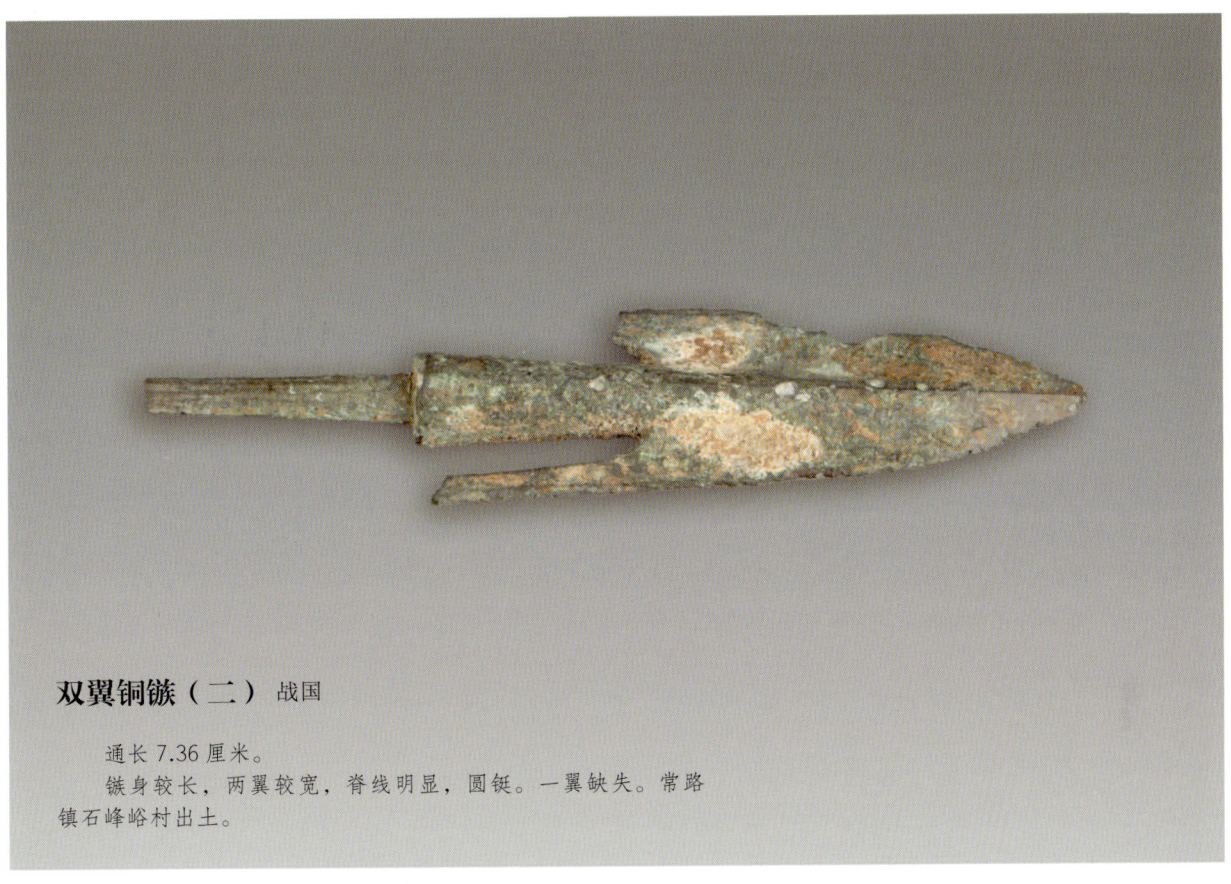

双翼铜镞（二） 战国

通长 7.36 厘米。

镞身较长，两翼较宽，脊线明显，圆铤。一翼缺失。常路镇石峰峪村出土。

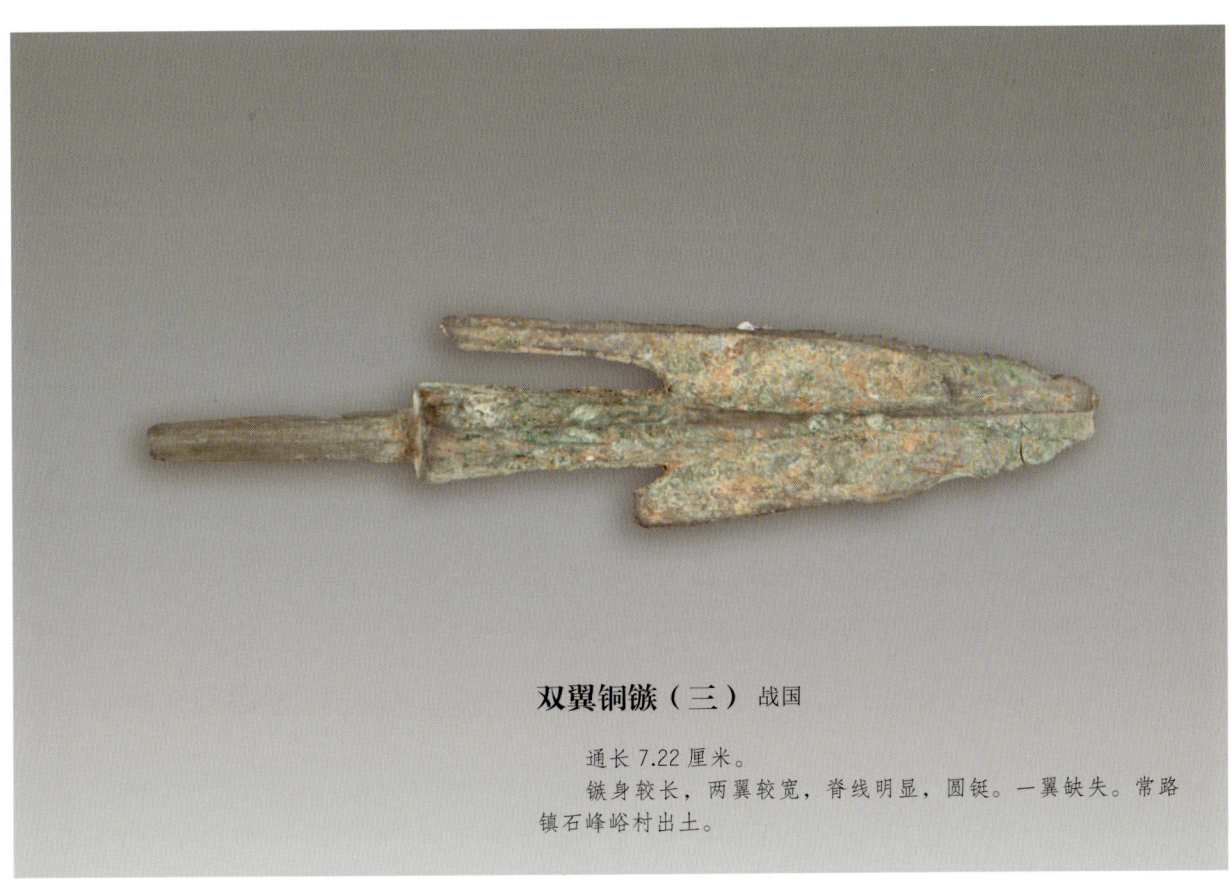

双翼铜镞（三） 战国

通长 7.22 厘米。

镞身较长，两翼较宽，脊线明显，圆铤。一翼缺失。常路镇石峰峪村出土。

铜马镳（一~四） 战国

通长 8.69 厘米，10.48 厘米，6.78 厘米，8.7 厘米。

素面，脊线突出，两侧向下突起，呈四棱状，外形呈倒置的凹字型，中部有一管状孔。馆藏。

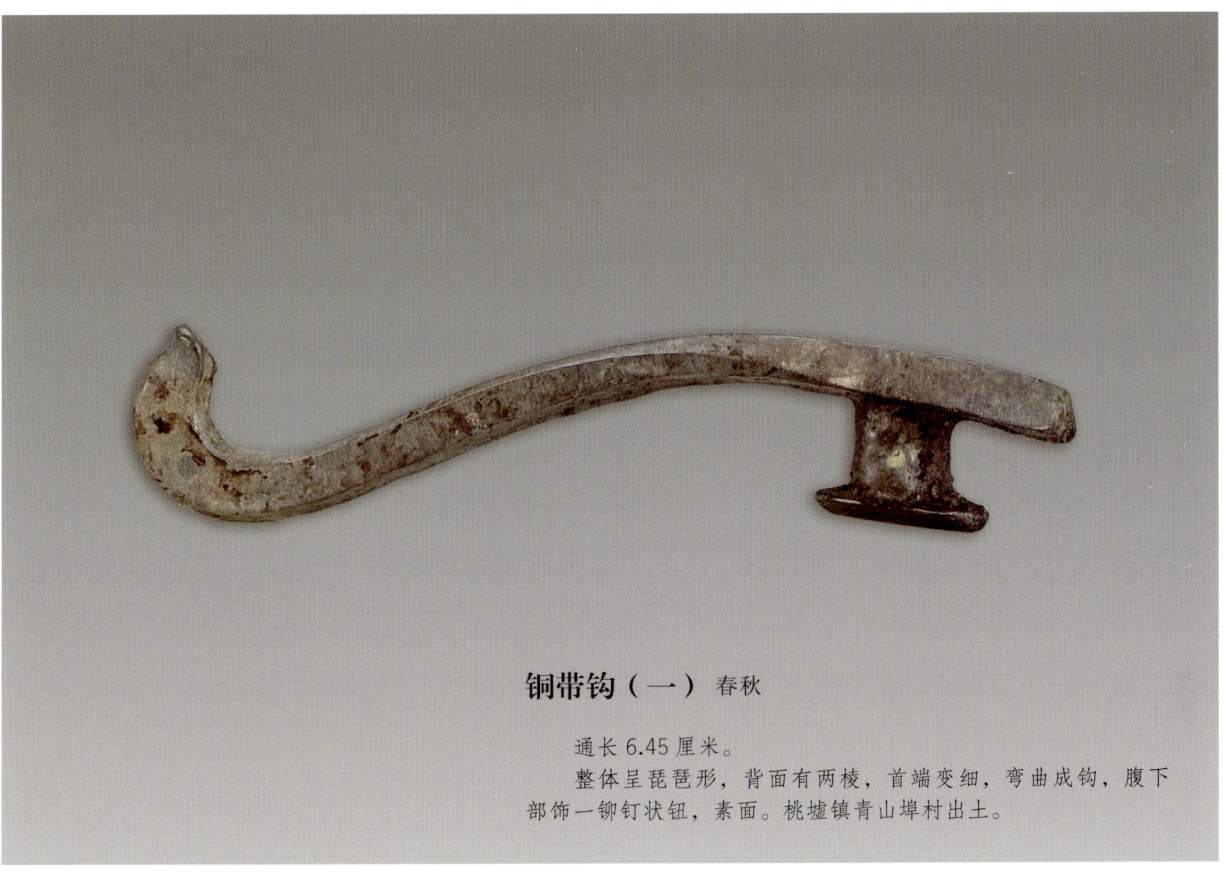

铜带钩（一） 春秋

通长 6.45 厘米。

整体呈琵琶形，背面有两棱，首端变细，弯曲成钩，腹下部饰一铆钉状钮，素面。桃墟镇青山埠村出土。

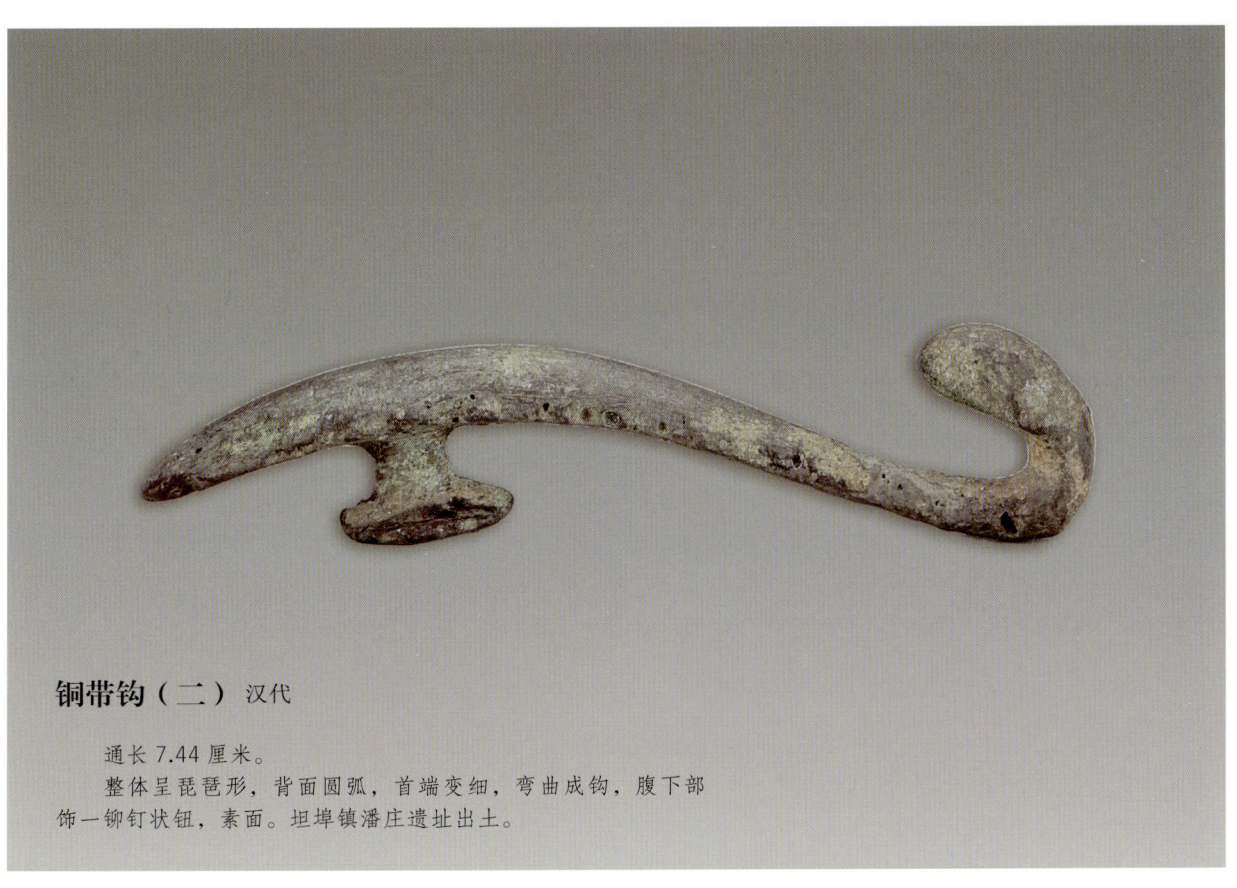

铜带钩（二） 汉代

通长 7.44 厘米。

整体呈琵琶形，背面圆弧，首端变细，弯曲成钩，腹下部饰一铆钉状钮，素面。坦埠镇潘庄遗址出土。

铜环（一～四） 汉代

直径 4.13～6.2 厘米。馆藏。

尚方规矩纹铜镜 汉代

直径 18.5 厘米。

圆形，圆钮，圆形座。内中区以双线方栏为界，内区为十二地支铭（子丑寅卯辰巳午未申酉戌亥）与十二带座乳丁；中区为八圆座乳丁，鸟兽纹与规矩纹相间，其外依次为铭文带、射线纹带，铭文为"尚方佳镜真大巧，上有仙人不知老，渴饮玉泉饥食枣兮。"外区由内向外依次为两锯齿纹之间饰双线波折纹。素窄缘。蒙阴街道北环路出土。

四乳四兽铜镜 汉代

直径 9.1 厘米。

圆形，圆钮，圆座，钮外饰一周射线纹。内区饰四神兽间以四乳，外侧饰一周射线纹。三角缘。坦埠镇潘庄遗址出土。

瑞兽葡萄镜 唐代

直径 9.33 厘米。

圆形，桥形钮，圆座。内区饰瑞兽、葡萄，外侧饰两道凸弦纹。素宽缘。联城镇吕家庄遗址出土。

葵花形湖州铜镜 宋代

直径 12.26 厘米。

八瓣葵花形，桥形钮，素面，镜背有铭文"湖州真石念二叔镜"。联城镇吕家庄遗址出土。

海涛双龙戏鼎铜镜 宋代

直径 17.37 厘米。

八瓣葵花形，圆钮，内区两龙躯体垂直排布，尾上头下，昂首夹钮对峙，空隙处填以云纹，龙首下方有一三足鼎。外区饰海涛纹。窄葵花缘。馆藏。

素面铜镜（一） 宋代

直径 11.1 厘米。
圆形，桥形钮，素面，宽卷缘。联城镇吕家庄遗址出土。

蒙阴文物

素面铜镜（二） 清代

直径 10.41 厘米。
圆形，平顶圆钮，素面，窄卷缘。馆藏。

有柄双鱼镜 金代

直径 10.53 厘米。

圆形，长条形柄、柄残缺，内区底纹浅浮雕水波纹，波浪间浮雕首尾相连鲤鱼两条。外区饰水草纹。素宽平缘。馆藏。

双龙纹铜镜 清代

直径 12.27 厘米。

圆形，平顶圆钮、顶部饰寿纹，内区饰二龙，外区素面，窄素缘。联城镇吕家庄遗址出土。

比丘立像 宋代

高 16.94 厘米。

立像，内中空。光头，大耳下垂，长方形脸，饱满圆润，弯眉垂帘，长鼻厚唇。着花边宽袖长衣，双手合十于胸前。馆藏。

佛坐像（一） 明代

通高 25.4 厘米。

坐像，中空。造像结跏趺坐于四足方几高座之上，头戴宝冠，饰螺发，肉髻圆隆，宝珠顶严。面相方圆丰润，双耳垂肩。双手结禅定印于腹前，法相饱满。身着袈裟，敞胸，下着高束腰僧裙。双肩各附饰莲花一支，莲茎随屈臂延至手心上。馆藏。

碧霞元君坐像　明代

通高 34 厘米。

端坐于四足几座之上。头戴凤冠，脸型圆润丰腴，弯眉细目，唇线明晰，下颌饱满，面目慈祥。双手握降魔令剑端于胸前，双腿自然垂落，足尖从稠迭的裙裳下露出。通身着圆领宽袖长袍，自然繁复，腰间束带垂至足间。碧霞元君，俗称泰山娘娘，是道教中的重要女神。馆藏。

释迦牟尼佛坐像　明代

通高 31.06 厘米。

坐像，内中空。释迦全跏趺坐于莲座上。头饰螺发，肉髻高耸，顶饰髻珠，象征菩提智能。面形方圆，弯眉低睑，法相慈和。身躯挺拔，双肩宽阔，肌肉健硕饱满。身着袒右肩袈裟，右肩反搭袈裟裙角，内着高腰束裙。右手施触地印，左手施禅定印。束腰式仰覆莲座，莲瓣饱满，莲座上下沿均饰连珠纹。馆藏。

佛坐像（二） 明代

通高 27.46 厘米。

造像结跏趺坐于莲座上，螺发髻珠，面相圆润丰满，安详慈和，双耳垂肩。左手手心向上结禅定印于腹前右足上，右手手心向下自然置于右膝处。身着袈裟，敞胸，下着高束腰僧裙，系带结饰于胸前。莲座为重瓣仰莲圆形，莲瓣宽大。馆藏。

菩萨坐像 明代

通高 33.5 厘米。

坐像，中空。菩萨半跏坐于莲座上，莲座位于一俯卧在莲花宝座昂首狮子背上。头戴花冠，面相方圆端庄，眉间白毫，鼻梁挺拔，眼睑低垂，目光下敛，似俯视众生，神态慈祥柔和。右腿横盘，左脚下垂踩莲花，左手上屈臂上举于胸前，右手仰放于右腿上。身着袈裟，敞胸，胸饰璎珞，下着高束腰僧裙。馆藏。

铜镈钟 清代

通高 21.26 厘米。

桥形钮,钟体粗矮,中腰外鼓,下口内敛。征部两侧饰扉棱,征部、鼓部饰乳钉纹,正、背面征部正中各阳刻一组铭文,一组"圣府乐器",一组"乾隆辛酉年东昌府同知潘珑监制"。馆藏。

铺首衔环罐 清代

口径 6.09 厘米，底径 5.3 厘米，高 5.5 厘米。

敛口，溜肩，鼓腹斜收，平底。沿下有对称一对铺首衔环，环从铺首下部穿入。落款"大明宣德年制"。蒙阴街道小辛庄村征集。

"齐之法化"刀币（一） 战国齐

长 18.35 厘米，重 43.4 克。背文"化"。

"齐之法化"刀币（二） 战国齐

长18.26厘米，重47.2克，背文"☉"。

"齐之法化"刀币（三） 战国齐

长18.56厘米，重45.8克。背文"☉"。

币身有郭，尖首，弧背凹刃，刀柄末端有环呈扁平状。背上端有三道横凸纹，柄面背均有两道纵凸纹，刀身外廓高出刀柄。正面阳文四字"齐之法化"。垛庄镇上峪遗址出土。

"安阳之法化"刀币 战国齐

长18.52厘米，重48.9克。背文"化"。

币身有郭，尖首，弧背凹刃，刀柄末端有环呈扁平状。背上端有三道横凸纹，柄面背均有两道纵凸纹，刀身外廓高出刀柄。正面阳文五字"安阳之法化"。垛庄镇上峪遗址出土。

"节墨之法化"刀币（一） 战国齐

长18.8厘米，重58.1克，背文"丨"。

"节墨之法化"刀币（二） 战国齐

长 17.98 厘米，重 51.2 克，背文 "上吉"。

"节墨之法化"刀币（三） 战国齐

长 18.96 厘米，重 59.4 克。背文 "上"。

币身有郭，尖首，弧背凹刃，刀柄末端有环呈扁平状。背上端有三道横凸纹，柄面背均有两道纵凸纹，刀身外廓高出刀柄。正面阳文五字"节墨之法化"。垛庄镇上峪遗址出土。

"齐法化"刀币（一） 战国齐

通长 18.1 厘米，重 52 克，背文"toc"。

"齐法化"刀币（二） 战国齐

通长 18.1 厘米，重 48.6 克，背文"丁"。

"齐法化"刀币（三） 战国齐

通长 18.6 厘米，重 47.2 克，背文 " ψ "。

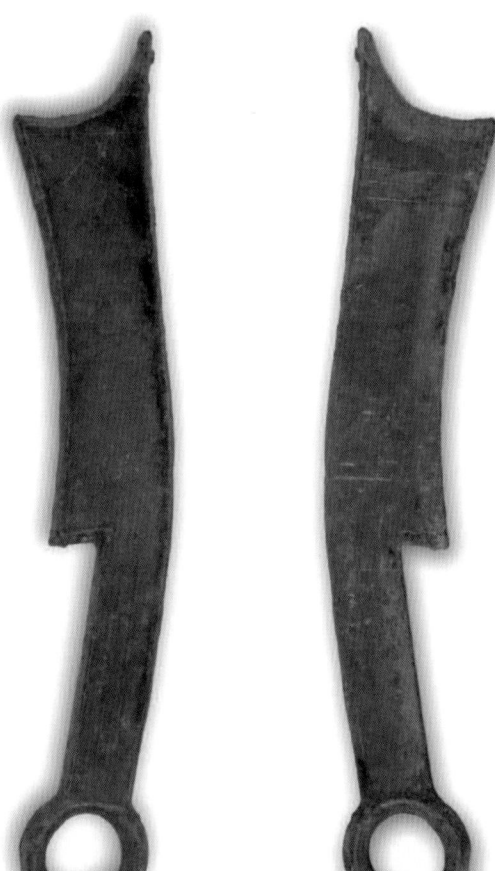

"齐法化"刀币（四） 战国齐

通长 18.7 厘米，重 50 克，背文 "上"。

"齐法化"刀币(五) 战国齐

通长18.5厘米,重49.6克。

"齐法化"刀币(六) 战国齐

通长18.7厘米,重48.5克,背文"丨"。

"齐法化"刀币（七） 战国齐

通长 18.6 厘米，重 49.2 克，背文"⊙"。

"齐法化"刀币（八） 战国齐

通长 18.3 厘米，重 35.7 克，背文"上"。

"齐法化"刀币（九） 战国齐

通长 18.2 厘米，重 51.4 克，背文 "⁋"。

"齐法化"刀币（十） 战国齐

通长 18.43 厘米，重 49 克，背文 "吉"。

"齐法化"刀币（十一） 战国齐

通长 18.2 厘米，重 46.9 克，背文"上"。

"齐法化"刀币（十二） 战国齐

通长 17.75 厘米，重 48.8 克，背文"工"。

"齐法化"刀币（十三） 战国齐

通长18.5厘米，重48.7克，背文"☉"。

"齐法化"刀币（十四） 战国齐

通长18.8厘米，重47.6克，背文"上"。

"齐法化"刀币（十五） 战国齐

通长 18 厘米，重 47.4 克，背文"吉"。

"齐法化"刀币（十六） 战国齐

通长 17.86 厘米，重 48.6 克，背文"土"。

"齐法化"刀币(十七) 战国齐

通长 18.16 厘米,重 49.6 克,背文"上"。

"齐法化"刀币(十八) 战国齐

通长 18.5 厘米,重 50.5 克,背文"丫"。

"齐法化"刀币（十九） 战国齐

通长 18.5 厘米，重 47.4 克，背文"丄"。

"齐法化"刀币（二十） 战国齐

通长 17.75 厘米，重 49.1 克，背文"工"。

"齐法化"刀币（二十一） 战国齐

通长 18.42 厘米，重 51.5 克。背文"行"。

币身有郭，尖首，弧背凹刃，刀柄末端有环呈扁平状。背上端有三道横凸纹，柄面背均有两道纵凸纹，刀身、刀柄外廓等高。正面阳文三字"齐法化"。垛庄镇上峪遗址出土。

"一刀平五千"铜钱

通长 7.16 厘米、环径 2.75 厘米、厚 0.45 厘米。

环为方孔圆钱，身如刀。其环穿上下铸"一刀"二字，刀身铸"平五千"三字。周缘经锉磨修整，锉痕均匀有力。王莽新朝曾铸错金"一刀平五千"。馆藏。

铁 器

铁斧（一）汉代

长 7.27 厘米，宽 5.92 厘米，顶厚 1.94 厘米。

平顶，直刃，平面呈梯形，銎呈长方形，位于顶下部。锈蚀严重。联城镇吕家庄遗址出土。

蒙阴文物

铁斧（二） 汉代

长 13.02 厘米，宽 6.2 厘米，顶厚 3.5 厘米。

平顶，直刃，弧壁，平面呈梯形，銎呈长方形，位于顶下部。锈蚀严重。联城镇吕家庄遗址出土。

铁矛 汉代

通长 27.6 厘米，骹长 14.98 厘米，銎口径 2.57 厘米。

扁平锋，末端圆弧，长骹中空贯通至锋前部，上有圆形钉孔。联城镇吕家庄遗址出土。

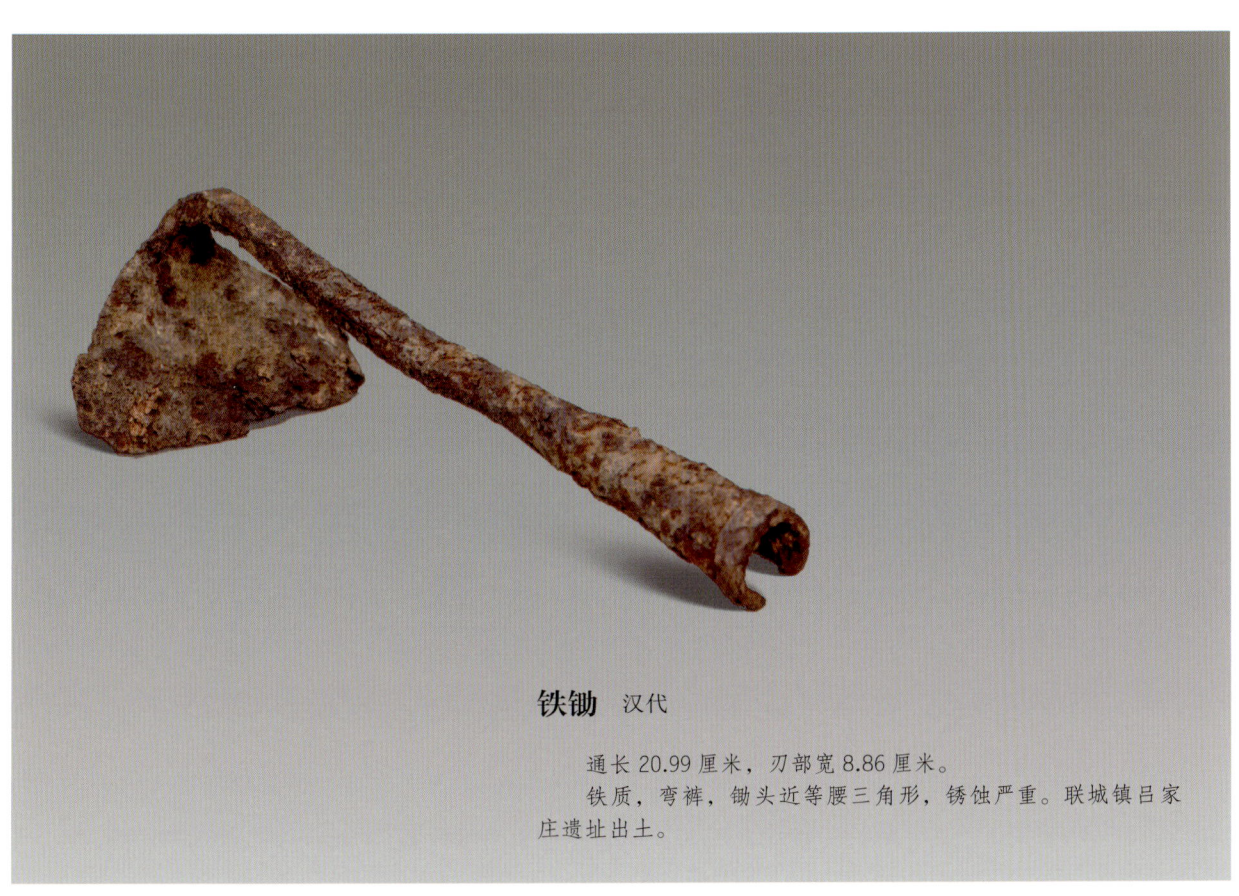

铁锄 汉代

通长 20.99 厘米，刃部宽 8.86 厘米。

铁质，弯裤，锄头近等腰三角形，锈蚀严重。联城镇吕家庄遗址出土。

铁剪 宋代

通长 18.33 厘米。

支轴式，用销钉联结双刃。联城镇吕家庄遗址出土。

铁釜 宋代

口径 36.82 厘米，高 23.82 厘米。

铁质。敞口，平沿，方唇，束颈，弧腹，圜底，肩部作一圈六只长方形扁平耳，沿下釜耳上饰三圈凹弦纹，肩部饰一圈凸弦纹与六只长方形釜耳一线排列。釜与釜耳一体，系一次性铸成。锈蚀严重。联城镇吕家庄遗址出土。

其他

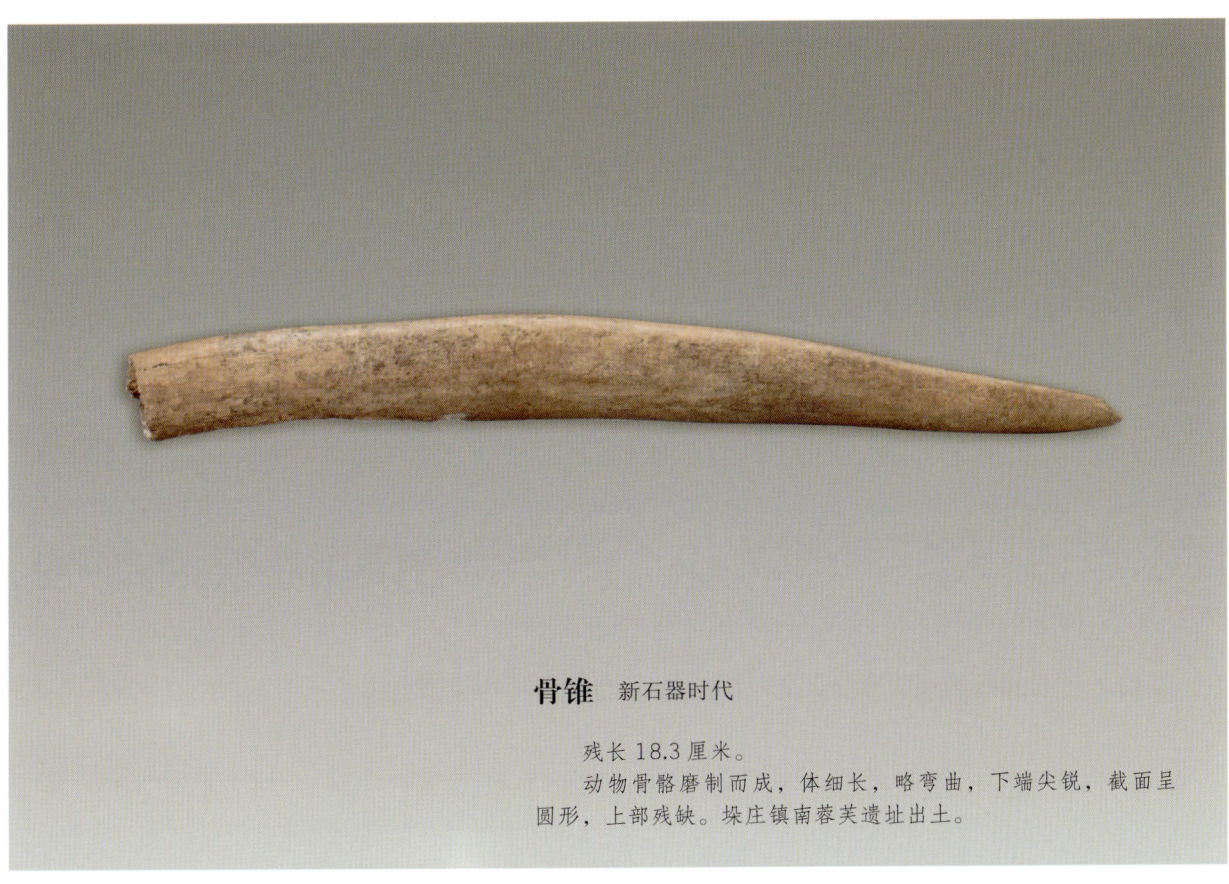

骨锥 新石器时代

残长 18.3 厘米。

动物骨骼磨制而成，体细长，略弯曲，下端尖锐，截面呈圆形，上部残缺。垛庄镇南蓉芙遗址出土。

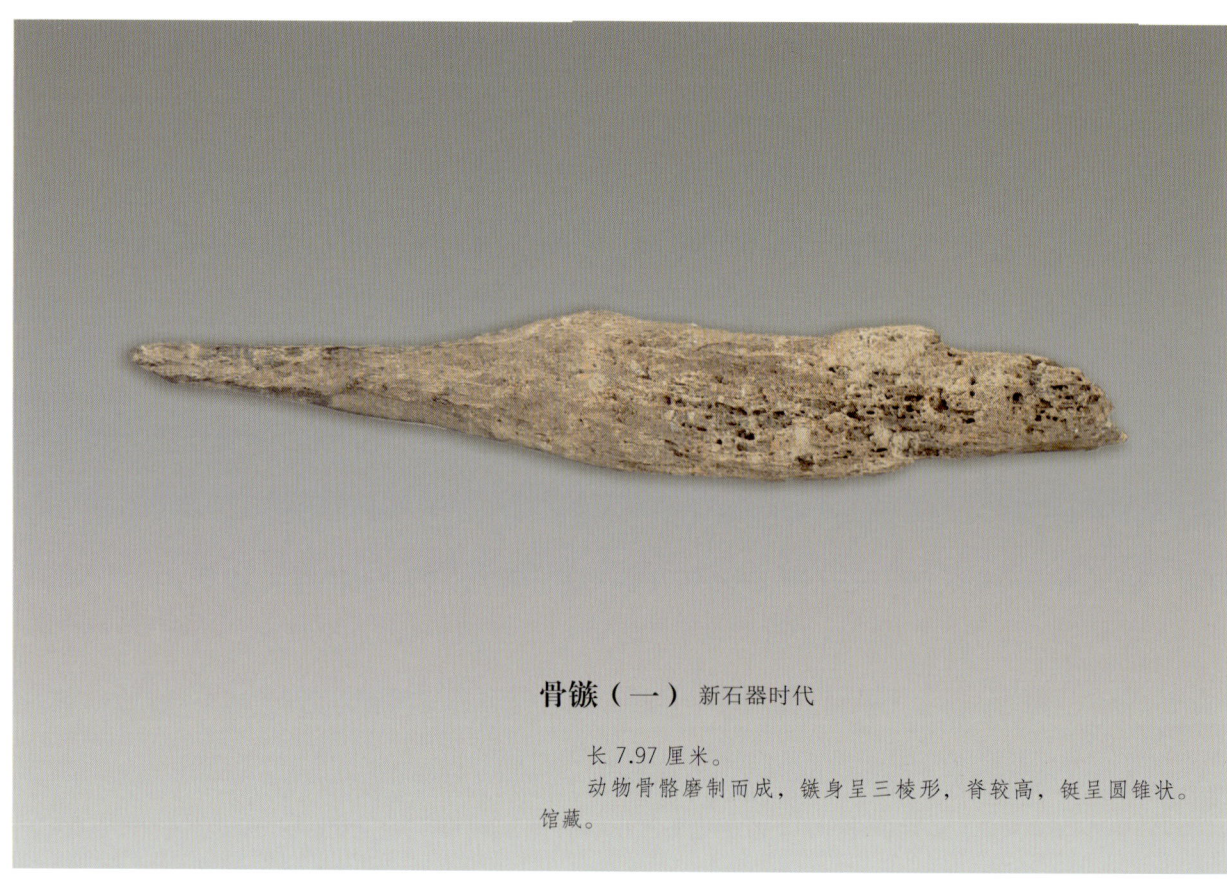

骨镞（一） 新石器时代

长 7.97 厘米。
动物骨骼磨制而成，镞身呈三棱形，脊较高，铤呈圆锥状。馆藏。

骨镞（二） 新石器时代

长 5.27 厘米。
动物骨骼磨制而成，锋前部三棱形，后部圆柱形，铤呈圆锥状。锋尖锐、锋利。馆藏。

卜骨 商代

残长 12.25 厘米，宽 6.46 厘米。

牛肩胛骨。内壁排列"三联钻"，钻内均有灼。外壁有占卜的兆裂纹。岱崮镇台子崖遗址出土。

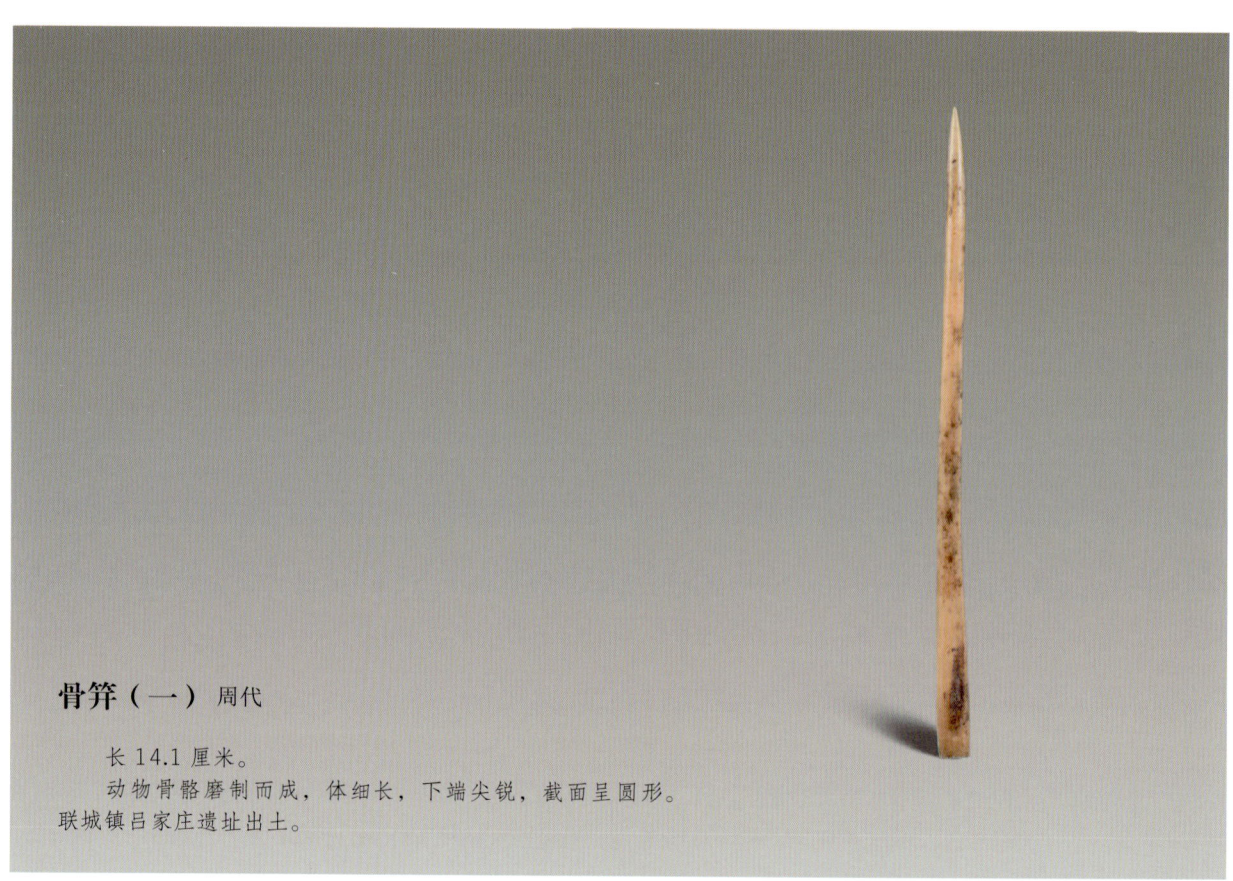

骨笄（一） 周代

长 14.1 厘米。

动物骨骼磨制而成，体细长，下端尖锐，截面呈圆形。
联城镇吕家庄遗址出土。

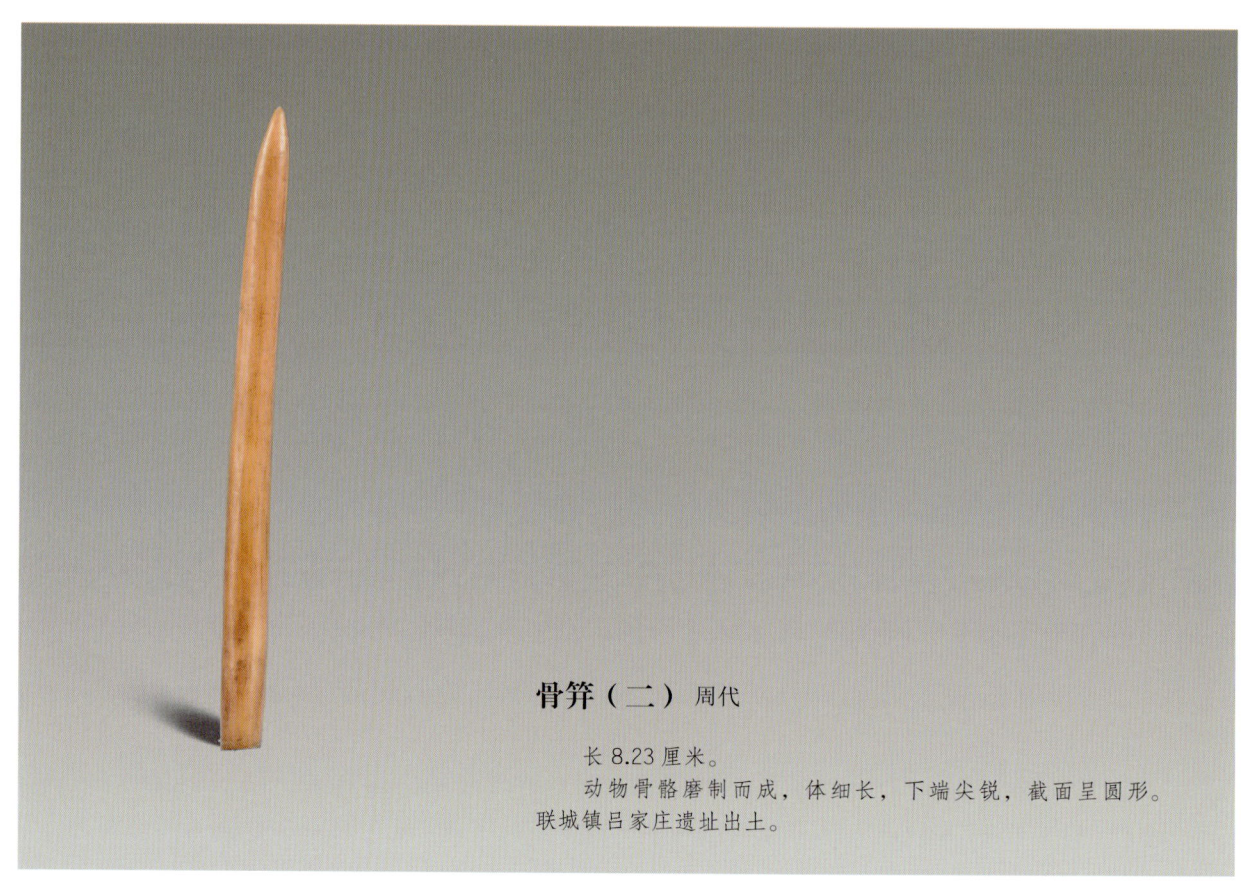

骨笄（二） 周代

长 8.23 厘米。

动物骨骼磨制而成，体细长，下端尖锐，截面呈圆形。
联城镇吕家庄遗址出土。

骨贝（一） 东周

长 3.05 厘米，最宽 2.2 厘米，厚 0.76 厘米。

动物骨骼磨制而成，厚薄不一，呈贝壳状，腹面中间有凹槽；背面有两个穿孔，红漆痕迹。馆藏。

骨贝（二） 东周

长 2.56 厘米，宽 2.34 厘米，厚 0.43 厘米。

动物骨骼磨制而成，残缺，呈贝壳状，中间有凹槽，残留一个穿孔，背面有红漆痕迹。馆藏。

白文骨印　民国

长 4.07 厘米，宽 2.46 厘米，高 3.16 厘米。
动物骨骼雕刻而成，形状不规则，钮上有一洞，面上有一孔。馆藏。

"丁卯拔贡同胞"朱文铜印　清代

长 1.97 厘米，宽 1.92 厘米，高 1.99 厘米。
黄铜质地，桥形钮，印面正方形。印文朱文，篆书，右上起顺读。馆藏。

其他

寿山石朱文方印 民国

长 6.4 厘米，宽 6.3 厘米，高 16.64 厘米。

寿山石，顶部弧状，长方体，印体四周采用浅浮雕手法雕刻草、树、人物、房屋、亭榭、塔。印文朱文，篆书，右上起顺读，"欲广福田须平心地"八字。馆藏。

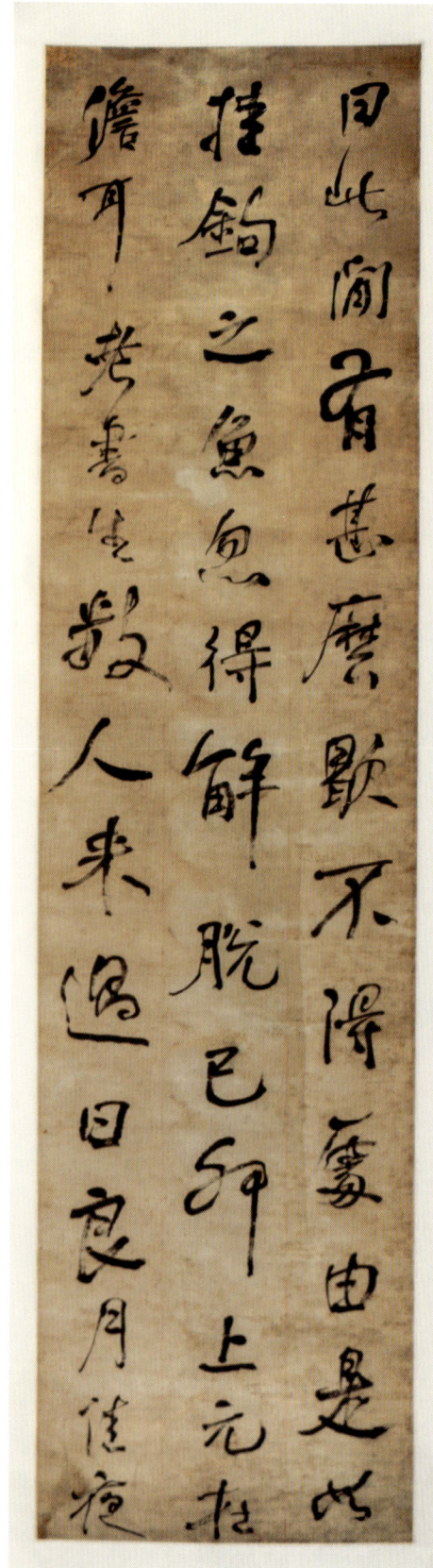 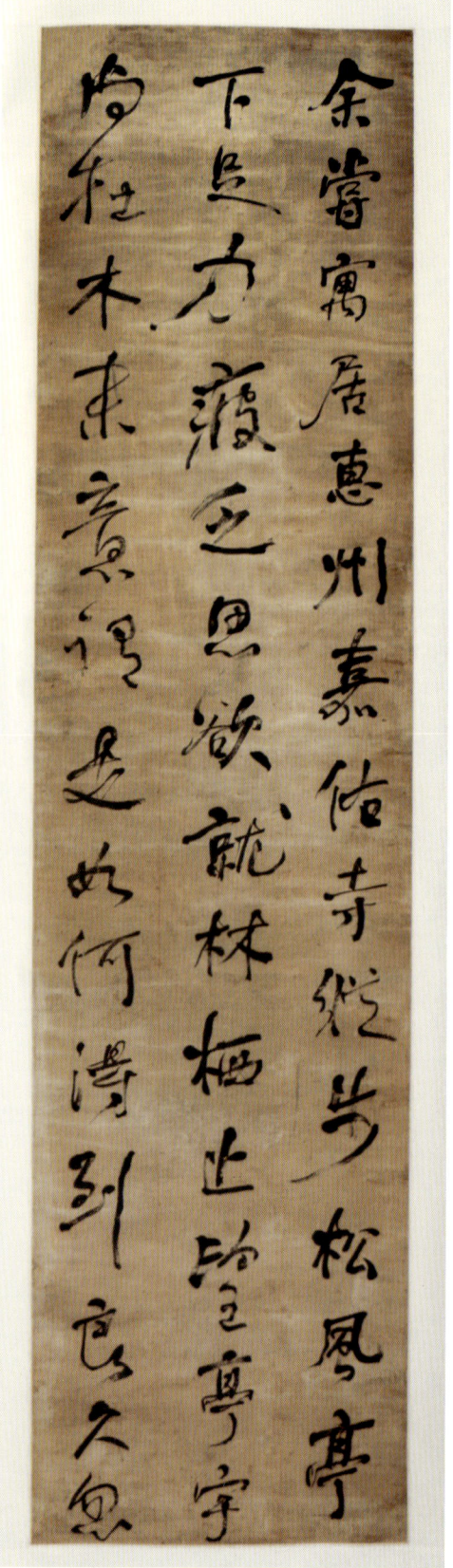

何绍基行草四条屏 清代

单幅长218厘米,宽53厘米。馆藏。

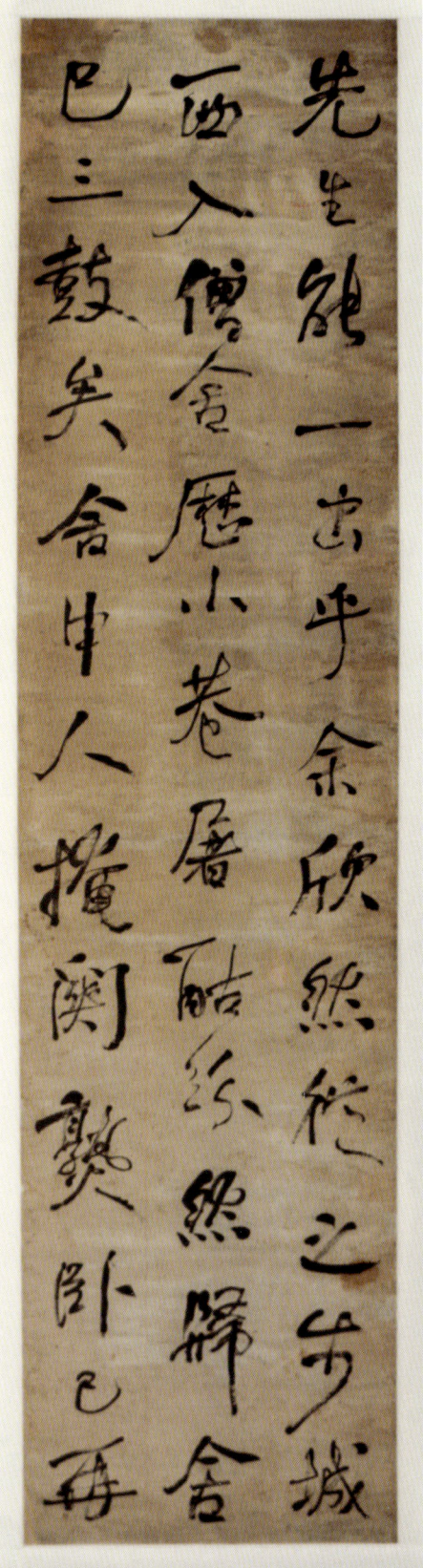

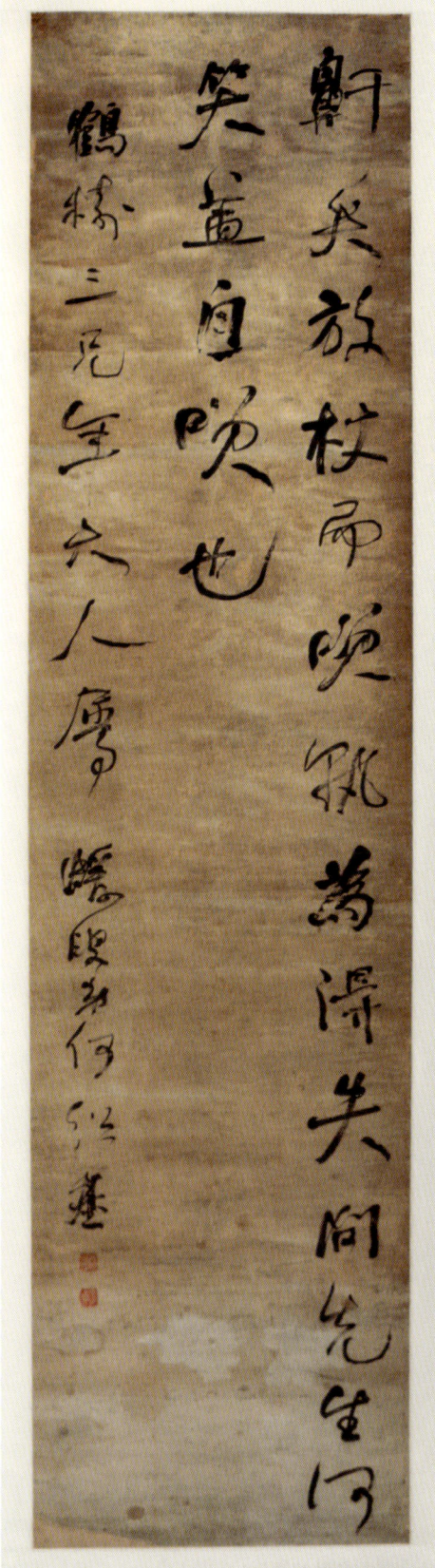

后 记

蒙阴县文物管理所，自1991年1月1日正式挂牌成立至今，因改革需要，更名为县文物保护中心。同时，县博物馆即将建成，免费对公众开放。蒙阴的文博事业已走过三十余载春秋。我不由地想起为蒙阴文博事业筚路蓝缕、默默耕耘的前辈们，这期间经历了多少风风雨雨，几代文博人兢兢业业，累累硕果都是他们共同努力及辛勤耕耘的结晶。这些文物的发现、征集、研究也凝聚了几代文博人的汗水和心血。

我作为单位负责人和专业技术负责人有幸参加了第一次全国可移动文物普查，由此产生了编著《蒙阴文物》一书的想法，能将蒙阴县历年出土的文物精品精心研究，细心拍照，配合凝练的文字编撰成书，甚是一件幸事。在编撰此书的过程中，参阅了众多专业书籍，并得到了众多老师和同事的帮助支持，同时，本书的出版更离不开文化和旅游局领导的决定和支持，在此表示衷心感谢！我更加感谢发现文物、捐献文物而又不留姓名的淳朴善良的人们！

本书的出版，展示了蒙阴县几代文物工作者辛勤努力的成果。这些馆藏文物昭示于众，将为传承传统文化发挥重要作用，同时必将把蒙阴文物研究工作推向一个新阶段。

由于专业理论和技术水平有限，书中难免出现一些错误和问题，敬请读者诸位批评指正。

苏建军

2020年11月